Sigrid Hruby

Vom Leben bewegt

Von der Enge in die Weite

Vom Leben bewegt

Von der Enge in die Weite

Sigrid Hruby

Autorin: Sigrid Hruby
Korrektorat: Mag. Hans Matschek
Satz und Layout: Gerhard Ivanovits
Umschlaggestaltung: Alexander Reinprecht
Titelfoto: Sigrid Hruby

ISBN: 978-3-9504114-1-6

Die Bibelzitate sind – falls nichts Anderes vermerkt ist – der Bibel nach der Übersetzung Martin Luthers, 1912, revidierter Text 1984 (durchgesehene Ausgabe in neuer Rechtschreibung) und 2009 entnommen. © 1999 Deutsche Bibelgesellschaft, Stuttgart,

Ansonsten bedeuten:
ELB = Revidierte Elberfelder Bibel, © 1985, 1991, 2006 SMCR. Brockhaus im SCM-Verlag GmbH & Co. KG, Witten

GNB = Gute Nachricht Bibel © 1982 Deutsche Bibelgesellschaft

Hfa = Hoffnung für alle – Die Bibel (revidierte Fassung), © 1983, 1996, 2002 International Bible Society, Brunnen-Verlag, Basel und Gießen.

NLB = Neues Leben. Die Bibel, © 2002, 2006 SCM Hänssler im SCM-Verlag GmbH & Co. KG, Holzgerlingen. Originaltitel: Holy Bible, New Living Translation, © 1996, 2004, 2007 by Tyndale House Publishers Inc., Wheaton, Illinois, USA.

NGÜ = Neue Genfer Übersetzung, © 2011 Genfer Bibelgesellschaft, Genf

DANK

Ich möchte allen danken,
die mir beim Umsetzen dieses Projekts geholfen haben.

Danke, für die wertvollen Beiträge, die zeigen,
dass Qualität lebbar ist.

Mein Dank gebührt vor allem Gott,
der mich mit so vielen lieben und besonderen Menschen
zusammenführte.

Er führte mich heraus ins Weite und
befreite mich, weil er Gefallen an mir hatte.
Psalm 18,20

Inhaltsverzeichnis

Vorwort

„Vom Leben bewegt“ enthält Erzählungen von mir selbst und von Menschen aus meinem Freundeskreis. Aus meinem eigenen Leben und aus Interviews habe ich diese Geschichten zusammengetragen. Dabei ist mir aufgefallen, dass in all den Erzählungen Episoden durchblitzten, die Hoffnung gaben und Chancen aufzeigten. Es ist mir ein Anliegen, diese Geschenke des Lebens sichtbar zu machen.

Um diese Episoden zu erleben, braucht es meist die Auseinandersetzung mit oft unüberwindlich scheinenden Hindernissen. In meiner Welt war es ein Gehirntumor, der operiert werden musste. In einer anderen Geschichte ist es die Dialyse, die dreimal in der Woche integriert werden muss, vielleicht finanzielle Sorgen, Verluste oder aussichtslos scheinende Beziehungskonflikte. Die Liste der Themen, die uns herausfordern und beschäftigen können ist sehr lang.

Doch all die großen, wie auch kleinen Probleme die unser Leben begleiten, machen uns zu den Menschen, die wir sind.

In den Interviews zu diesem Buch habe ich versucht, den Kern der Lebenserfahrungen zu erspüren und aufzuzeigen und die neuen Erkenntnisse und wertvollen Einsichten niederzuschreiben. Mir fällt auf, dass es in den Erzählungen Parallelen gibt, und ich staune, wie sich die lieben Menschen aus meinem Freundeskreis ihren Problemen gestellt haben und weitergegangen sind. Dabei sind sie im Denken, Fühlen und Tun gewachsen.

Neben diesen Geschichten, die Wachstumsprozesse aufzeigen, gibt es auch welche, die einfach nur die Leichtigkeit des Seins beleuchten. Denn auf unserem Lebensweg begegnet uns eine erstaunliche Vielfalt.

Ich habe den Eindruck gewonnen, dass wir in unserem Sein und in der Art, wie wir uns entfalten, kleine Fragmente sind, die in ein großes Ganzes passen. Jeder von uns hat eine ganz besondere Bedeutung.

In all dem erlebe ich Freude darüber, dass wir nicht alleine sind, sondern sich im Leben eine liebende und wohlwollende Kraft zeigt, die für uns da ist.

Ich habe schon als Kind diese Kraft als einen liebenden Gott kennengelernt.

Als junge Erwachsene hat sich dann ein tiefes Verlangen entfaltet, diesen Gott zu suchen, der mich im Herzen berührt. Auf diesem Weg habe ich viel erlebt. Ich bin mir selbst und vielen Menschen begegnet, und habe dadurch Gottes Gegenwart erfahren.

Ich wünsche euch beim Lesen dieses Buches viele bewegte Momente.

Herzlichst Sigrid Hruby

Eine Katze findet ihren Weg in den 7. Stock

„... denn es ist dem Herrn nicht schwer, durch viel oder wenig zu helfen."
1.Samuel 14,6b Luther

Da in meinem ersten Buch die Katzengeschichte so gut angekommen ist, habe ich für dieses Buch drei Katzengeschichten gesammelt.

Solange ich mich erinnere liebe ich Katzen. Als Kind besuchte ich am liebsten Menschen die Katzen hatten. Diese kuscheligen Fellnasen übten schon immer eine Faszination auf mich aus. Deswegen führte kein Weg daran vorbei mir selbst eine anzuschaffen.

Die ersten Überlegungen begannen. Ein Teil in mir war vorsichtig und hatte seine Gegenargumente, weil ich so einem Stubentiger ja das optimale Leben bieten möchte.

Auf die Frage meiner Nachbarin: „Warum nimmst du dir keine Katze?" antwortete ich: „Weil ich im 7. Stock wohne und ich möchte, dass sie hinausgehen kann." „Das kann sie ja trotzdem." „Aber wie soll sie wieder nach Hause finden?" „Es gibt Katzen, die das können. Ich kannte so eine, und das hat wunderbar funktioniert."

Ich konnte es trotz ihrer Argumente nicht glauben, bis ich eines Besseren belehrt wurde.

Eines Tages war es dann so weit. Eine Katze, die niemandem gehörte, lief mir vor dem Haus zu. Sie maunzte mich an und warb sichtlich um meine Aufmerksamkeit. Ich durfte sie streicheln und sogar hinaufnehmen. All das ließ sie mit sich geschehen. Sie war sehr süß. Ungern überließ ich sie wieder ihrem Schicksal.

Meine liebe Nachbarin spürte, was ich wirklich wollte, und hatte einen Plan. Eines schönen Tages holte sie die Katze ins Haus und meinte: „Nimm sie dir, sie wird nirgendwo vermisst, probier' es aus!"

Mit dieser Ermutigung startete ich das Experiment. Anfangs wohnte sie über Nacht bei mir, doch tagsüber brachte ich sie wieder hinaus in den Garten. So machten wir es einige Tage, dann Wochen, und letztendlich Jahre. Die Katze fühlte sich immer wohler im Haus und erweiterte ihr Revier mit meiner Wohnung.

Das Wunder geschah, denn Katze Gipsy wohnt mittlerweile schon 14 Jahre bei mir.

Sie ist eine nächtliche Freigängerin geworden. Das heißt, abends geht sie zu Fuß oder fährt mit dem Aufzug hinunter und verbringt die Nacht im Freien. Zur frühen Morgenstunde „spricht" sie den Zeitungsmann oder einen lieben Nachbarn an, der ihr die Haustür öffnet. Meine Wohnung im 7. Stock findet sie ganz alleine.

Es ist wunderschön, morgens die Wohnungstür zu öffnen und mit einem freundlichen Schnurren begrüßt zu werden.

Diese Erfahrung zeigte mir, dass alles möglich ist. Eine Katze, die Aufzug fährt, sich Nachbarn als Türöffner bedient und meine Wohnung im 7. Stock findet. Gipsy passt punktgenau in mein Leben. Damals konnte ich es nicht glauben, aber die Erfahrung hat mein Denken erweitert.

Für Gott war das eine kleine Sache, aber für mich eine ganz große!

Nachbarschaft, die Freude macht

Säe Glück auf deines Nachbarn Feld, und du wirst dich wundern, was der Wind in deinem Garten wachsen lässt.
Juliette Saint-Gelais

Ein gutes Wort zur rechten Zeit ist so lieblich wie goldene Äpfel in einem silbernen Korb.
Sprüche 25,11 NL

Ich wohne in einem Hochhaus mit sieben Stockwerken. In jedem Stockwerk befinden sich fünf Wohnungen. Der Wert einer guten Nachbarschaft ist für mich unerlässlich. Ich möchte Episoden beschreiben, die dieses Miteinander aufzeigen.

„Hallo, Gipsy!" drückt das aus, was mich gerade beglückt. Vor ein paar Minuten habe ich Gipsy sieben Stockwerke nach unten begleitet. Dabei bin ich einer mir unbekannten Nachbarin begegnet, die meine Katze ganz selbstverständlich und freundlich begrüßte. Ich staunte über diese Vertrautheit, die sich meine Katze mittlerweile erworben hatte. Dieses Beispiel ist aber nicht das einzige. Vor ein paar Tagen ging es mir genauso mit einer anderen Nachbarin. Offensichtlich hat sich dieses Tierchen einen großen Bekanntheits- und Beliebtheitsgrad angeeignet. Dies fällt ihr auch gar nicht schwer, denn sie ist einfach süß. Somit komme auch ich in den Genuss, dieser liebevollen Grußworte.

Vor Jahren erlebte ich etwas Erfreuliches in der Röntgenpraxis. Da ich sehr viele Nachbarn habe, ist es nicht unwahrscheinlich, dass der eine oder andere als Patient bei mir auftaucht. So kam es, dass ich wieder einmal eine Nachbarin in der Praxis begrüßen durfte. Auf der Zuweisung sah ich, dass sie im selben Hochhaus wohnt. Als ich sie für die Untersuchung aufrief, war sie mir nicht bekannt. Ich erzählte ihr, dass ich im selben Hochhaus wohne. Sie war erst jüngst eingezogen und hatte eine Einstandsparty geschmissen, zu der ich leider nicht erschien. Ich erzählte ihr von Gipsy und fragte sie, ob sie meiner Katze schon begegnet sei. „Ja, natürlich!“, entgegnete sie. Bei diesem Gesprächsstoff gab es viel zu lachen, und wir tauschten Erlebnisse über den Lebensstil der süßen kleinen Pelz-Dame aus. Dies erfrischte die Atmosphäre, und sie lud mich auf einen Sekt zu sich ein. Wenn ich Zeit habe, möge ich vorbeikommen.

Welch schönes Zusammentreffen, an dem die kleine Katze nicht unbeteiligt war.

Aber neben diesen erfrischenden und schönen Begegnungen gibt es auch Unterstützung bei meinen Verreise-Wünschen. Zu diesem Zweck zieht die kleine Fellnase in den 3. Stock, denn dort ist ihr Urlaubsdomizil. Charlotte und Ernst versorgen sie dann und schauen darauf, dass sie sich wohlfühlt. Was den beiden wunderbar gelingt. Zwei weitere Nachbarinnen sind diesbezüglich auch zur Stelle, wenn es einmal eng wird.

Auch bei Haushaltsgebrechen, kaputtem Spülkasten, verstopftem Abfluss oder sogar beim Wechsel der Autobatterie steht mir meine liebe Nachbarin Charlotte bei. Sie ist in praktischen Dingen eine wahre Heimwerkerkönigin. Wenn sie mir so tatkräftig beisteht, assistiere ich so gut ich kann. All diese Berührungspunkte in Form von vielen kleinen Gefälligkeiten machen unsere gute Nachbarschaft aus. Ein wertschätzendes Miteinander ist für uns selbstverständlich.

Das gute Klima erfährt mittlerweile eine Erweiterung. Denn das gegenüberliegende Geschäft beglückt auch durch Menschen, die offen für Begegnung sind. Zwei Angestellte kenne ich ebenso von der Röntgenpraxis. Es ist eine Freude sie an der Wursttheke oder an der Kassa anzutreffen.

All dies ist wie ein bunter Blumenstrauß, der Freude macht und guttut. Dankbar genieße ich diese Nachbarschaft.

Eine Katze mit Auftrag

Ein guter Mensch kümmert sich um das Wohl seiner Tiere; ein böser hat kein Herz für sie.
Sprüche 12,10 GNB

Ende April war ich im schönen Salzkammergut bei einer Veranstaltung. Das Wetter zeigte sich von der besten Seite und unsere Unterbringung in einer Jugendherberge war zum Wohlfühlen.

Das Wochenende verlief in guter Gesellschaft. Während dieser Zeit fiel mir immer wieder auf, dass eine Tigerkatze draußen auf dem Areal herumstreifte.

Kurz vor der Abreise war es dann so weit. Besagte Katze hatte es sich neben meinem Auto in der Wiese bequem gemacht. Ich streichelte sie und hatte Freude an der Ruhe, die sie ausstrahlte. Sie putzte sich und machte keine Anstalten zu flüchten.

Während ich die Katze streichelte und beobachtete, kam die Leiterin der Jugendherberge auf mich zu. Wir begannen ein Gespräch. Somit erfuhr ich, dass das nicht ihre Katze war. Sie erzählte mir, dass diese von zu Hause auszog, weil ihre Vorbesitzer planten sie wegzugeben. Es schien fast so, als ob die Katze gespürt hätte, dass sie in ihrem alten Heim nicht mehr willkommen war. Daher erwählte sie die Jugendherberge zu ihrem neuen Zuhause.

Anfangs war sie zwar scheu, kam aber täglich auf Besuch und wurde immer liebevoll mit Futter versorgt. Durch diese achtsame Betreuung fasste sie Vertrauen und bezog ihre neue Heimat, denn da war sie willkommen.

Ihre neue Wohnung, die sie noch immer hat, besteht aus einer extra für sie gestalteten kleinen Holzpfahlhütte, welche mit Styropor isoliert und mit Lammfell ausgelegt ist.

Vor dem Eingang liegt eine Kuscheldecke, mit der die Katze von drinnen den Eingang eigenständig abdichten kann.

Mit dieser Wohnstätte im Freien wird sogar auf ihr Trauma, dass sie geschlossene Räume nicht erträgt, liebevoll eingegangen.

Sie ist jetzt schon seit acht Jahren hier und gehört mit ihren

18 Jahren zum Inventar. Man hat ihr den süßen Namen Muggi gegeben.

Des Weiteren erzählte mir die Leiterin, dass sie eigentlich eine Katzenallergie habe, sich diese aber hinsichtlich Muggi nicht zeige.

Wenn Schulklassen oder Heimkinder für ein paar Tage in der Jugendherberge wohnen, wird Muggi zur Therapiekatze. Gerade die Außenseiter des Klassenverbandes werden von Muggi sofort erkannt. Sie lässt sich von ihnen endlos streicheln, und es macht auch nichts, wenn sie sich sogar zu fünft um sie tummeln. Muggi hält durch.

Ich staune über diese Geschichte, und sie berührt mich. Hier wird sichtbar, wie wichtig es ist, dass es gute Menschen gibt, die sich liebevoll um das Wohl der Tiere kümmern.

Dadurch wird es den Tieren möglich, ihre Aufträge zu erfüllen.

Katze Muggi hat schon einige Herzen erobert und wird wohl auch die eine oder andere Leserin berühren.

Verluste, die zu Freude führen

Wo die Wunde eines Menschen ist, dort liegt auch seine größte Begabung.
Martin Buber

Eine Aussage, die nachdenklich macht. Kurz, knackig und tief. Ich habe mir überlegt, wo diese Wunde in meinem Leben zu finden ist. Welches Thema könnte das sein?

Wenn ich dabei auf meine Kindheit blicke, wird mir allerdings eine Wunde bewusst. Da war etwas, was dazu passt. Nämlich ein wiederkehrender Verlust von Freundschaften und liebgewonnenen Bezugspersonen. Was dabei so schmerzte, war, dass es keine Möglichkeit für mich gab diese Verluste auszugleichen und diese Menschen in meinem Leben zu behalten. Nein, ich musste von einem Tag auf den anderen weg und in eine neue Wohngegend siedeln. Musste dort mein Leben weiterleben. All das, was Übersiedlungen mit sich bringen, wurde mir schon als Kind schmerzlich bewusst. Ich hatte auch keine Geschwister, die diesen Zustand hätten erleichtern können. Meine Kinderseele war in Schockstarre und jedes Mal restlos überfordert.

Es brauchte immer lange, bis ich mich von all dem Schmerz erholt hatte.

Was mir blieb war, mich darin zu üben mir jedes Mal ein neues soziales Umfeld aufzubauen. Doch dann war es wieder so weit. Abschied nehmen und von vorne beginnen.

Jedoch durfte ich im Laufe des Lebens erfahren, was auf diesem steinigen Weg in der Kindheit entstand. Was sich hier als Begabung entwickelte, zeigte sich auf meinem weiteren Lebensweg. Ich habe gelernt offen zu sein und auf neue Menschen zuzugehen. Diese lockere Lebensweise öffnete die Tür ins Freundesland. Dieses ist mittlerweile sehr vielfältig und freudvoll.

Mein Buch bringt in einigen Geschichten zum Ausdruck, wie viele spezielle Menschen aus dem Freundesland mein Leben bereichern.

In dieser Geschichte möchte ich schildern, wie wunderbar diese Wunde mittlerweile geheilt ist. Ich beschreibe hier drei Episoden, die ausdrücken, wie leicht und spielerisch sich Schönes entwickelt hat.

Die Katze mit Auftrag, die ich in der vorigen Geschichte beschrieben habe, hatte noch einen kleinen „Freundschaftsverkupplungssonderauftrag". Denn sie sorgte dafür, dass die Leiterin der Jugendherberge und ich aufeinander aufmerksam wurden. Es kam zwischen uns zu einem Telefoninterview bei dem spürbar wurde, dass uns einiges verbindet. Wir telefonierten gleich eine Stunde lang und es wurde erstaunlich viel gelacht, obwohl ich diese Person ja gar nicht kannte. Außerdem sind wir derselbe Jahrgang. Bei meinem ersten Besuch bei ihr waren Offenheit und Unbeschwertheit spürbar. Ein ähnlicher Lebensstil und genialer Humor, der so manche harte Lebensphase überwindbar macht, tragen auch sie. Ihre Begabung ist Tierflüsterin zu sein, und es ist erstaunlich, wie sie ihren kleinen Zoo managt:

4 Katzen, 1 Hund, 1 Pferd und noch unzählige Igeln, die sich um die Herberge tummeln.

Ich genieße es, wenn ich in der Gegend bin, mit ihr und ihren Tierchens Zeit zu verbringen und von diesem speziellen Lebensstil „a bisserl was" mitzukriegen. Solch eine Begegnung tut gut, stärkt und macht Mut. Eine große Dosis Lachen ist dabei selbstverständlich.

Ein weiteres Freundschaftsgeschenk habe ich bei meiner Reise nach Mauritius bekommen. Dort durfte ich mich mit einem Zimmermädchen im Hotel anfreunden. Sie war beauftragt unser Zimmer zu reinigen. Es war eine Freude sie fast täglich zu empfangen. Ihre und meine Offenheit passten genau zusammen. Es war wunderschön mit ihr zu lachen. Innerhalb kürzester Zeit war da eine Verbundenheit, die auch nach meiner Abreise erhalten blieb.

Bei meinem dritten Freundschaftsgeschenk war es derselbe Arbeitgeber, der diese Verbindung möglich machte.

Wenn ich zurückdenke, war da ein Schlüsselereignis, das sichtbar machte, was für ein besonderer Mensch Franziska war und ist.

Ich arbeitete damals im Außendienst, während Franziska im Innendienst derselben Firma tätig war.

Bei meiner Beschäftigung hatte ich einige dienstliche Mails zu verschicken und im Zuge dessen auch eine E-Mail an eine Freundin, die ebenso Franziska heißt. Ich erinnere mich, dass ich sehr locker und heiter einen Termin bestätigte. Oberflächlich checkte ich dann Franziskas Mailadresse und schickte das private Mail ab.

Kurze Zeit später erhielt ich eine Antwort von Franziska. Es handelte sich dabei aber nicht um meine Freundin, sondern um Franziska vom Innendienst. Sie ging sehr heiter auf meine Art zu schreiben ein, und es kam durch, dass sie gerne die wirkliche Empfängerin für dieses Mail gewesen wäre.

Diese kleine Episode des „Zufalls“ amüsierte mich. Die Begebenheit ließ mich bewusst auf sie zugehen, wenn ich sie in der Firma traf. Ein freundliches Grüßen mit einer Dosis Verschmitztheit öffnete langsam die Tür in Richtung Freundschaft.

Mittlerweile arbeite ich nicht mehr in dieser Firma, aber Franziska und ich sind Freundinnen geworden.

All das zu erleben bereichert, erweitert und zeigt, wie wunderbar Begegnungen sind und wie schön es ist, wenn Freundschaften zu wachsen beginnen. Die Größe der Begabung gibt der Wunde Sinn.

Bei diesen Erzählungen denke ich an die Worte Jesu:

„In der Welt wird man euch hart zusetzen, aber
verliert nicht den Mut:
Ich habe die Welt besiegt!“
Johannes 16,33

Mein Weg war hart, aber heute darf ich kostbare Siege erleben. Ich bin dankbar für diese Kraft, die all diese besonderen Geschenke möglich macht und uns trägt.

Ein Herzenswunsch wird erfüllt

Alles hat seine Zeit...
Prediger 3,1a

Eine meiner Freundinnen will schon lange Zeit eine Katze.

Wie sie zu dieser kam, zeigt die folgende Geschichte.

Der Einfachheit halber nenne ich meine Freundin hier Martina. Sie lebte mit ihrer 92-jährigen Mutter zusammen, deren Einstellung zu Katzen seit jeher ablehnend war.

Als Folge einer Wohnungsrenovierung veränderte sich jedoch diese Einstellung. Die beiden Frauen waren gebeten worden, vorübergehend in eine andere, größere Wohnung zu ziehen. Weil sich die alte Dame in der Übergangswohnung nicht wohlfühlte, erlaubte sie endlich die Anschaffung einer Katze.

Martina war über diesen Sinneswandel hocherfreut und startete ihre Suche. Sie informierte sich in sämtlichen Tierheimen. Leider ließ sich kein passendes Exemplar finden. Ihre Suchkriterien lauteten in etwa so: kuschelige, junge, weibliche Samtpfote gesucht.

Aus Langeweile blätterte Martina eines Samstags eine Zeitung durch. Da fand sie ein passendes Inserat: „Junges, kuscheliges Katzenmädel sucht ein neues Zuhause."

Sie rief sogleich die angegebene Nummer an. Eine Dame hob ab und die beiden unterhielten sich sehr gut. Die Dame teilte ihr mit, dass nur wenig Chance bestehe, die Katze zu bekommen, da bereits sehr viele Interessenten angerufen hätten.

Am nächsten Tag läutete bei Martina das Telefon. Es war die eben erwähnte Dame mit der Katze. Martina war ganz positiv überrascht, da sie mit diesem Anruf nicht mehr gerechnet hatte.

Die Dame erklärte ihr die Umstände: „Ich habe mir alle Interessenten der Reihe nach auf einen Zettel geschrieben. Aber ich habe den Zettel verlegt. Sie waren die letzte Anruferin und Sie habe ich mir gemerkt. Deswegen rufe ich Sie jetzt an. Wollen Sie unsere Katze noch haben? Sie heißt übrigens Schuschu."

Was für eine Frage: "Ja, natürlich!" ☺

Kurze Zeit später fuhr meine Freundin mit der Straßenbahn zur Adresse von Schuschu. Erstaunlicherweise kam ihr diese mit erhobenem Schwanz entgegen. Sie ließ sich auch gleich streicheln.

Die liebe Dame, die Martina vom Telefon kannte, war auch da. Sie und ihr Mann waren sehr freundlich.

Es wurde nicht lange überlegt. Es war klar, dass Martina die Katze bekommt.

Jedoch fehlte ihr jegliches Zubehör für den Transport. Also bekam sie die Katze, inklusive Transportkorb, Futter und Katzenstreu, einfach geschenkt.

Da die Straßenbahn für den Heimtransport ungeeignet war, wurde ein Taxi bestellt. Der Taxifahrer stellte sich auch als Katzenfreund heraus und half Martina beim Verladen des Stubentigers.

Zwei Stunden später war sie mit Katze samt Zubehör zu Hause. Ihre Mutter war baff.

Was mich an dieser Geschichte staunen lässt, ist: „Wie schnell und leicht etwas fließen kann, wenn der passende Zeitpunkt dafür gekommen ist.“

Auftankzeit in Gemeinschaft

Da rief Hagar aus: „Ich bin tatsächlich dem begegnet, der mich sieht!“ Darum nannte sie den HERRN, der mit ihr gesprochen hatte: „Du bist der Gott, der mich sieht.“
1.Mose 16,13 HFA

Wieder einmal war es so weit. Eine Gruppe von rund 50 Frauen aus ganz Österreich traf sich beim Frauenauftankwochenende im schönen Salzkammergut. Das Wetter war prachtvoll und die Gemeinschaft vielfältig. Dies ist für mich immer ein Genuss. Es tut gut, vertraute Gesichter, Freundinnen und neue Leute anzutreffen. Die verschiedenen Dialekte, Lebensweisen und Glaubensansichten würzen jedes Mal die Zeit der persönlichen Begegnungen.

Die Vortragende war diesmal eine Amerikanerin. Sie berichtete erstaunlich ehrlich aus ihrem persönlichen Leben:

- Von depressiven Phasen und wie sie sich wochenlang gehen ließ.
- Wie es möglich war, wieder langsam ihre Kraft zu finden.
- Wie sie es zuließ, nicht mehr nur in ihrem Denken zu kreisen.

Irgendwann entschied sie: „Jetzt habe ich genug Trübsal geblasen!“
Mit dieser Entscheidung war es möglich, wieder neue Gedanken zuzulassen. Sie erlebte es so, als ob ihr Gott in ihrem Denken begegnete.

Die Geschichte von Hagar, die Gottes Engel in der Wüste traf, sprach sie in ihrer persönlichen Wüstenzeit an. Die Zusage in 1.Mose 16,13: *„Der Gott, der mich sieht"* erreichte ihr Herz und öffnete den Weg zurück ins Leben: „Es tut gut, sich von Gott gesehen zu wissen, denn er weiß wie es mir wirklich geht. Ich muss mich nicht mehr verstellen.“

Sich mit Gottes Wesen zu beschäftigen führte sie zurück ins Vertrauen und ihre Freude. Wieder in der Freude angekommen, lässt es sich viel leichter leben.

Diese depressive Phase hat ihr etwas sehr Wichtiges bewusst gemacht. Es gibt Freude–Diebe. Also wies sie uns darauf hin sich nicht die Freude rauben zu lassen: „Habt keine Angst, haltet die Freude fest!"

Eine praktische Übung sollte uns dabei helfen, die Freude nicht zu verlieren. Diese bestand darin, jeden Abend fünf Dinge zu nennen, für die wir heute Gott danken können, denn Dankbarkeit führt in die Freude.

Mit meiner Zimmerkollegin übte ich mich darin, diese umzusetzen. Es war erstaunlich, aber wir entdeckten gleich 10 Dinge - und mit diesen Gedanken einzuschlafen, machte zufrieden. Ich genoss diesen Leben spendenden Input und die praktische Übung, denn all das wurde so echt aus dem persönlichen Leben erzählt.

Neben all dem spirituellen Auftanken gab es auch viele andere Freuden. Gerade für Frauen ist es fabelhaft, bekocht zu werden und sich um nichts kümmern zu müssen, denn die Köchin der Jugendherberge versorgte uns wunderbar. Am ersten Abend gab es Kaiserschmarrn, und das ließ so manches Herz vor Freude hüpfen. Auch meines.

Gemeinsam die wunderschöne Landschaft zu durchwandern – auch das sorgte für ganz viel Freude. Mit vielen Umarmungen verabschiedeten wir uns am Sonntag wieder. Vollgetankt fuhren wir nach Hause.

Das Geschenk der Gemeinschaft

„Denn wo zwei oder drei in meinem Namen zusammenkommen, bin ich in ihrer Mitte."
Matthäus 18,20 HFA

Es ist eine große Freude, viele Freundinnen zu haben und diese an ihren Wohnorten zu besuchen.

Viele Gleichgesinnte an einem Ort zu treffen ist noch eine ganz andere Liga.

Ich durfte zwei Tage lang in eine andere Welt eintauchen. In ein Haus auf dem Land wo ca. 30 Gleichgesinnte mit ihren Kindern zusammenkamen und wir gemeinsam Gottesdienst feierten. Ein Haus mit wunderschönem Garten, mit zwei Eseln, einigen Hühnern und Katzen.

Schon bei der Ankunft spürte ich, dass mich etwas Besonderes erwartete. Babykatzen auf dem Heuboden und eine fröhliche Kinderstimme, die meinen Namen rief. Die Tochter einer Freundin, die ich hier gar nicht erwartete, war auch da. So eine Freude!

Ich spürte Familie, aber nicht herkömmlich, sondern auf eine andere Weise. Wir waren zusammengekommen, um gemeinsam Gott zu loben, zu danken, zu singen und uns in der Natur zu bewegen. Gemeinsam essen und den Garten zu genießen. Zu entspannen und Austausch zu haben, ganz nach Herzenslust und ohne Eile. Eine Auszeit von der Welt.

Ich lernte neue Leute kennen und vertiefte so manchen Kontakt.

Essen in Hülle und Fülle und zum Ausgleich Bewegung. All das ist einfach wunderbar. Wir wanderten in der Umgebung und nahmen die Esel mit auf unsere Tour. Das Erlebnis war großartig, Tiere ganz natürlich einzubinden, und es zeigte sich, welch geschickte Wanderer Esel sind.

Mit Grillen und Lagerfeuer ließen wir den Tag ausklingen.

Der zweite Tag begann mit einem wunderbaren Frühstück. Einander helfen ist in so einer Gruppe selbstverständlich. Es entstand ganz natürlich und brauchte keine Planung.

Mit einer Bergbesteigung erlebten wir gemeinsam unseren zweiten Tag. Ich sah fröhliche Kinder, die tanzend und jodelnd den Berg hinunterliefen. Ich staunte über diese natürliche Lebensfreude ohne Handy und I-pad.

Erwachsene, die sich mit ihren Kindern gegenseitig unterstützten und einander halfen. Viel Lachen und Freude war in den Begegnungen sichtbar.

Regen begleitete dann kurz unseren Abstieg, aber wir kamen trotz allem trocken unten an und alle waren wohlauf.

Während draußen der große Regen kam, zauberten wir drinnen aus den Essensresten noch ein wunderbares Buffet.

Ich staunte über so viele Geschenke und war voll des Dankes für diese paradiesische Zeit.

Gott ist groß, und es ist wunderschön, eine Gruppe, die Gott im Herzen trägt, zu erleben. Ich spürte viel Ausgeglichenheit, Lebensfreude und ein stressfreies Miteinander.

Gestärkt und aufgetankt kann ich nun wieder in die nächste Arbeitswoche eintauchen.

Musik als Quelle der Freude

Denn Gott, der Herr, der Allmächtige, herrscht.
Das Königreich dieser Welt ist geworden das
Königreich unseres Herrn und seines Gesalbten;
und er wird herrschen für immer und ewig:
König der Könige und Herr der Herren.
Halleluja!
Oratorium von Händel: Messias

In meiner Kindheit wurde ich mit sieben Jahren von meinen Eltern gefragt: „Welches Instrument möchtest du lernen, Sigrid?" Ich antwortete mit einer Eindeutigkeit, die mich heute noch wundert: „Geige".

Mit dieser Entscheidung begann meine Geigenschülerlaufbahn in Linz. Ich lernte sehr schnell die Hürden kennen, die dieses Instrument mit sich bringt. Deswegen musste ich viel üben. Das eine Mal gelang das mit Leichtigkeit und Freude, das andere Mal ziemlich genervt und dann gar nicht. Zehn Jahre Unterricht bei den verschiedensten Lehrern brachten mich an mein Ziel.

Der Weg war steinig, aber auch schön und abwechslungsreich. Die Höhepunkte waren ein paar wunderbare Konzerterfolge.

Wie es nun dazu kam, dass ich wieder an diese Erfahrungen erinnert wurde, verdanke ich der Serie: „The Crown". Das britische Königshaus wird darin von Netflix sehr beeindruckend dargestellt. Ganz besonders faszinierte mich die Krönungsszene. Diese Zeremonie wurde von einer mir bekannten Melodie begleitet, dem Coronation Anthem: „Zadok the Priest". Beglückt hörte ich diese vertraute Komposition, und ich erinnerte mich zurück an unseren Auftritt vor vielen Jahren.

Dieser war in den 90er Jahren. Da trafen wir uns viermal im Jahr: ein riesiger Chor inklusive Orchester. Wir spielten Werke von Mozart und Händel: Messias, Israel in Ägypten, das Dettinger Te Deum, die Coronation Anthems, das Bruckner Te Deum und das deutsche Requiem von Brahms.

Wenn ich heute auf diese Zeit blicke, bin ich ganz stolz auf diese Erfahrungen. Damals war es ein riesiger Aufwand, ständig nach

Oberösterreich zu den Proben zu fahren. Doch heute erkenne ich die wunderbaren Erfolge. Wir hatten Konzerte in Wien, Salzburg, Linz und Graz. Sogar eine CD-Aufnahme ist dabei. Diese entstand im Winter in einer kleinen katholischen Kirche in Braunau.

Außerdem erinnere ich mich an die Probezeiten mit Kopfhörern in meiner kleinen Wohnung. Ich habe mir angewöhnt, mit der CD zu üben. Dabei höre ich die CD mit dem Musikstück und spiele mit der Geige dazu. Das machte viel mehr Spaß, als alleine die zweite Stimme zu üben. Diese klingt zumeist nicht so schön, ganz anders ist es, wenn man den „ganzen Konzertsaal" im eigenen Wohnzimmer hört und dann die Fehler mit dem eigenen Instrument dazu „patzt". Manchmal war es auch ganz fehlerfrei, was wunderschön war. Wenn ich an all das zurückdenke, erinnere ich mich ganz besonders an eine Aufführung des „Messias" in Graz. Der Konzertsaal war voll, und wir erlebten eine wunderschöne Atmosphäre. Unsere Stimmung war aufgeregt, angespannt, neugierig und fasziniert.

Der Höhepunkt war dann das „Halleluja", der Chor mit seiner Gewalt und wir, die wir ihn begleiteten. Schon bei den Proben bekam ich jedes Mal Gänsehaut bei dieser Wucht an Stimmen. Das Publikum mit seiner Begeisterung verstärkte noch die gute Stimmung. Beim „Halleluja" ist es üblich, aufzustehen. Mit dieser Geste folgen die Zuhörer einem britischen Brauch, der auf König Georg II. zurückgeht. Der war, so sagt die Legende, beim Halleluja vor Begeisterung aufgesprungen. Seine Untertanen mussten sich daraufhin ebenfalls von ihren Plätzen erheben.

So war es auch bei unserer Aufführung. Diese Geste steigerte die Macht und Größe der Musik und des Textes. Wunderbar wird damit die Allmacht Gottes ausgedrückt.

Ich ließ mich von dieser Faszination, Freude und Gewalt anstecken. Das Spielen der Geige war an diesem Abend ein ganz besonderes Erlebnis. Die Finger hüpften über die Saiten, und ich fühlte diesen Rausch, den diese Musik auslöste. Einfach genial, göttlich.

Dieser Höhepunkt war nur einer von vielen. Daran zu denken ist nachhaltig eine Quelle der Freude und des Friedens.

Der Schatz im Acker

Das Himmelreich gleicht einem Schatz, verborgen im Acker, den ein Mensch fand und verbarg; und in seiner Freude geht er hin und verkauft alles, was er hat, und kauft den Acker.
Matthäus 13,44

Ein Jahr lang arbeitete ich bei den sozialen Diensten in Wien. Das bedeutete, hilfsbedürftige Menschen zu Hause zu besuchen und sich um Einkäufe, Arztbesuche und um die Unterhaltung und Bespaßung der jeweiligen Kunden zu kümmern.

Ich erlebte viel in dieser Zeit, aber nach dem Jahr war die Luft im wahrsten Sinn des Wortes draußen. Wiederholt Bronchitis und „Chronisches Asthma" hatten mich in die Knie gezwungen. Es war an der Zeit, einen Abschluss zu finden. Aber wie?

Meine weise 80-jährige Freundin Johanna hatte einen sehr guten Rat für mich. Sie erinnerte mich an das Gleichnis von Jesus mit dem oben erwähnten Schatz im Acker. Meine Erfahrung war nicht ganz so, aber der Gedanke vom Schatz der vielleicht noch in meinem Arbeitsacker verborgen ist, machte mich neugierig. Diesen Schatz zu finden macht es notwendig, sich durch die Alltagserde durchzuwühlen. Also machte ich mich auf die Suche nach einer abrundenden „Schatz im Acker -Erfahrung".

Mein Auftrag für den Tag führte mich zu einer 75-jährigen Dame, deren Stimmung sehr gedrückt und negativ war. Sie litt unter der Schwere ihrer Krankheit und fühlte sich vom Leben ungerecht behandelt. Ich spürte, wie sich ihre Schwere auf mich übertrug und meine Energie immer weniger wurde. Resigniert stellte ich fest: „Manchen Menschen kann ich nicht helfen. Es bleibt nur, sie im Leid zu lassen. Traurig!" Ich erledigte die mir gestellten Aufgaben und verabschiedete mich entmutigt. Meine Motivation sank, denn es schien, als wäre ich in der Erde meines Ackers stecken geblieben. Kein Hinweis auf einen Schatz!

Vier Tage später war ich wieder bei dieser Dame. Diesmal formulierte ich ganz klar meinen Vorsatz: „Wenn ich schon zu dieser Klientin geschickt werde, hat es sicher einen Sinn, da zu sein!" Mit dieser neugierigen inneren Haltung erlebte ich das Zusammentreffen ganz anders! Die Dame war offener, freundlicher und bemühte sich, nicht mehr so fordernd zu sein. Da war eine ganz andere Stimmung spürbar, und das nicht nur von meiner Seite, sondern auch von ihrer. Ihr zu geben, was sie wollte, hatte plötzlich eine Leichtigkeit. Ich spürte, dass sie mir sympathisch wurde.

Dies ist eine kleine Geschichte von einem kleinen Schatz. Für mich war es eine gute Abschlusserfahrung meiner Stelle im Außendienst.

Manchmal ist es notwendig hartnäckig zu bleiben. Daran zu glauben, dass es einen Schatz gibt. Das Wühlen in der Erde hatte frustrierende Aspekte, aber das Ziel wurde erreicht. Ein Schatz wurde sichtbar.

Es tut so gut, gesehen zu werden

Manchmal beginnt ein Weg nicht damit, Neues zu entdecken... sondern damit, Altbekanntes mit ganz anderen Augen zu sehen...

Schon vor Jahren habe ich meine Stelle im Außendienst gekündigt. Nicht gesehen und wahrgenommen zu werden, hat mich buchstäblich krank gemacht. Oftmals quälte mich eine Bronchitis, die schließlich als Asthma an mir haften blieb. Ein Neuanfang musste her.

Heute arbeite ich wieder als Röntgenassistentin in meinem ursprünglichen Brotberuf. Nach einer sehr langen Berufspause war es sowohl für meinen neuen Arbeitgeber als auch für mich eine wahre Herausforderung, darin wieder fit zu werden.

Bei meinem Arbeitsantritt wurde zum Glück sehr achtsam auf mich eingegangen und die Aussage: „Ich habe mir etwas für Sie überlegt", tat mir unendlich gut und beruhigte mich, denn ich war unsicher geworden, wie ich im Arbeitsalltag wieder zurechtkommen würde. Dank meiner sehr besonnenen Vorgesetzten gestaltete sich das Projekt „Neuanfang" für mich sehr positiv. Sie wusste meine Ressourcen perfekt zu bündeln und ich spürte, wie gut es tat als Person gehört und gesehen zu werden. Meine persönlichen Belange wurden ernst genommen.

Ich startete mit zwanzig Wochenstunden aufgeteilt auf drei Arbeitstage. Vorerst musste ich mich nur um den Ultraschallbereich kümmern. Eine leichte Arbeit in der ich Patienten und Ärzten den Untersuchungsablauf angenehmer gestalten durfte. Dieser einfache Einstieg half mir den Betrieb und die Arbeitsabläufe in der Ordination in aller Ruhe kennenzulernen und mich behutsam zu alter Stärke zurückzuführen.

Nach zwei Monaten wurde ich gefragt, ob ich mir weitere Einsatzgebiete zutraue. Ich sagte spontan zu und wurde wiederum sanft und stressfrei, Stück für Stück, an neue Aufgaben herangeführt. Um mich keiner Überforderung auszusetzen, wurde mein Einverständnis jedes Mal aufs Neue eingeholt. Das war fast unglaublich und dafür bin ich noch heute unendlich dankbar. Bald schaffte ich

25 Wochenstunden. Gemächlich und beständig konnte ich mich steigern und freue mich heute über ein buntes Arbeitsangebot und ein großartiges Team mit einer überaus menschlichen und herzlichen Leitung. Ich kann ehrlich sagen, dass ich alle liebgewonnen habe.

Nun möchte ich aber schildern, wie sich all das so besonders entwickeln konnte. Denn eigentlich wollte ich nie wieder etwas mit der Radiologie zu tun haben - doch tief in mir spürte ich, dass noch eine Versöhnung mit meinem Herkunftsberuf ausständig war.

Alles begann mit einem Traum:
Meine Lungenfachärztin hatte mir zu einer neuen Stelle in einem Röntgeninstitut verholfen. Ich fühlte mich dort wohl und arbeitete gerne in diesen hellen Räumen als Teil eines guten Teams. Plötzlich arbeitete ich mit Freude in diesem Beruf.

Ich staunte über die Botschaft die mir dieser Traum vermittelte. Schlagworte wie: gerne arbeiten, ein Team zum Wohlfühlen, helle Räume...

Bisher war dieser Beruf für mich mit Finsternis und Stress besetzt gewesen. Ich hatte aber, wie gesagt, auch den Eindruck, dass ich mit dieser „Sache“ noch nicht ganz durch war.

Da ich meine Lebenssituationen gerne mit Gott bespreche, führte mich dieser Traum zunächst ins Gebet. Ich musste herausfinden, ob sich da ein Weg für mich ebnen könnte. Daher betete ich Folgendes:

„Herr, wenn du eine neue Aufgabe für mich hast, führ mich bitte zu einem tollen Team. Wertschätzung, gegenseitige Förderung, Arbeitsfreude und Humor wären schön. Ich würde mich freuen, in einer neuen Gemeinschaft gut aufgenommen zu werden. Gib mir bitte nur das Arbeitsmaß, das ich auch bewältigen kann. Lass mich langsam in eine neue Bestimmung hineinwachsen!“

Zwei Monate, nachdem ich von meiner neuen Arbeit geträumt und meinen Wunsch im Gebet abgegeben hatte, wagte ich es und bewarb mich bei drei Röntgeninstituten.

Ich war gespannt, was der Herr für mich vorbereitet hatte!

Die Antworten kamen nur zögerlich oder gar nicht, was meine Geduld ziemlich strapazierte. Nach einigen Monaten bekam ich endlich eine Einladung zur Probearbeit. Ich sagte sofort zu und schon kurze Zeit später stand fest: Ich bekomme eine neue Chance!

Nun begleiten mich ein wertschätzendes Miteinander und Humor an jedem meiner Arbeitstage. Mit meinem Team verstehe ich mich dienstlich wie privat außerordentlich gut. Ich konnte schon an zwei Betriebsausflügen teilnehmen, die unsere persönliche Verbundenheit noch einmal intensiviert haben.

Alles, was ich mir erträumt und erbeten hatte, ist eingetroffen. Ich bin glücklich, dass mein Neuanfang auf so einzigartige Weise gelungen ist.

Der nun abgeschlossene Prozess der Aussöhnung und die neuen Perspektiven helfen mir heute, die Arbeitstage ganz anders zu erleben als früher. Für diesen Heilungsweg bin ich sehr dankbar.

Die Extrameile im Röntgen-Alltag

Wenn jemand von euch verlangt, eine Meile weit
mit ihm zu gehen, dann geht zwei Meilen mit ihm.
Gebt denen, die euch bitten,
und kehrt denen nicht den Rücken,
die etwas von euch borgen wollen.
Matthäus 5,41.42 NL

Die Extrameile berührt mich auf vielfache Weise. Sogar Johnny Cash besingt sie.

Es tut gut, wenn sich ein Mensch auf den anderen einlässt - auf das, was den anderen gerade berührt und was er braucht. Kurz gesagt, die Bedürfnisse des anderen wahrnimmt.

Manchmal ergibt es sich in meiner Arbeit im Röntgen, für einen Patienten eine Extrameile zu gehen.

Vor einiger Zeit hatte ich eine Patientin deren Unterarm geröntgt werden sollte. Es stellte sich die Frage, ob er gebrochen war oder nicht. Ich holte die Dame zur Untersuchung. Innerhalb kürzester Zeit stellte ich fest, dass sie eine sehr originelle Person war. Wir scherzten über einiges, dann bat ich sie für die Aufnahme in den Röntgenraum zu kommen. Sie folgte meinen Anweisungen, ich machte die Aufnahme und wir kamen zu folgendem Ergebnis: Der Unterarm war gebrochen. Ich erklärte ihr, dass ich die Bilder der Ärztin zeigen werde. Sie antwortete mir, dass sie den Unterarm ohnehin schon mit einem Kochlöffel stabilisiert hatte. Sie versicherte mir, dass sie das auch weiterhin tun werde.

Ich beruhigte sie und zeigte die Röntgenaufnahme der Ärztin. Der Befund war eindeutig. Ich überbrachte der Frau die gefürchtete Nachricht und erwähnte, dass eine Stabilisierung mit Gips doch die bessere Lösung sei. Damit wollte sie sich aber so gar nicht anfreunden.

Da ich ihre Not spürte, erklärte ich ihr alles: „In ein bis zwei Stunden ist der Befund fertig. Fahren Sie bis dahin nach Hause." Sie öffnete sich und entgegnete: „Ich habe Hunger." „Ja, dann essen Sie etwas." „Mich überfordert all das, ich brauche auch ein Buch." „Dann holen Sie sich ein Buch und kommen dann wieder. Wenn

Sie erfrischt sind, holen Sie sich die Bilder und den Befund und fahren ins Krankenhaus."

Diese paar Sätze beruhigten die Dame und sie wurde unendlich dankbar.

Für mich war es kein großer Aufwand, mich auf sie einzulassen. Für sie war das eine größere Sache, denn der gebrochene Arm machte sie sehr unsicher.

In all dem erheiterte mich ihre Kochlöffel-Therapie und auch die Beständigkeit, diese Behandlungsmethode fortzusetzen.

Meine Kollegin, wir arbeiten im Team, gab mir auch die Zeit, diese Extrameile zu gehen. Das half einerseits der Patientin, und andererseits wurde unsere Arbeitszeit durch eine schöne Erfahrung reicher.

Bedürfnisse werden gestillt

Überlasst all eure Sorgen Gott, denn er sorgt sich um alles, was euch betrifft!
1.Petrus 5,7 NL

Heute darf ich erleben, wie gut und stärkend es ist die Mittagspause mit einer Kollegin zu verbringen, die die Welt bewusst wahrnimmt.

Da wir es schon öfter geschafft haben gemeinsam am Mittagstisch zu sitzen, war es diesmal wieder eine besondere Freude für mich.

Immer wenn ich mit ihr rede, staune ich über die Geschichten die sie zu erzählen weiß.

In unserem Gespräch kamen wir diesmal zum Thema: „Sich Sorgen machen und das Bedürfnis des Menschen, den Überblick und die Kontrolle im Leben zu behalten und dass dies nicht immer möglich ist und was stattdessen passiert."

Sie erzählte mir, wie sie dieses „stattdessen" in einer bestimmten Situation erlebte und ihre Bedürfnisse trotz Kontrollverlust erfüllt wurden.

Vor einigen Jahren lebte sie aufgrund erschwerender Lebensumstände in einer Wohngemeinschaft. Mit der Zeit besserte sich ihre finanzielle Lage und das Bedürfnis reifte heran, wieder in einem eigenen Haus zu wohnen.

Als treue Bankkundin war sie es gewohnt, das Geld in ihrer Hausbank abzuheben. Dies tat sie jedes Mal, bis auf einmal.

Der Geldautomat ihrer Bank war kaputt und deshalb musste sie ausnahmsweise woanders abheben. Spannend war, dass bei der anderen Bank ein Angebot für ein Häuschen im Grünen beworben wurde. Sie notierte sich die Telefonnummer und rief dort an.

Ein Besichtigungstermin wurde ausgemacht und sie staunte, als sie dieses Häuschen im Grünen sah. Es war genauso, wie sie es sich in ihrem Innersten wünschte. Der Vermieter kam ihr sogar mit der Miete entgegen.

Eine großartige Geschichte. Ich bin fasziniert, wie diese Frau in ihrem Bedürfnis wahrgenommen und gesehen wurde.

Eine Extrameile empfangen

Wenn jemand von euch verlangt, eine Meile weit
mit ihm zu gehen, dann geht zwei Meilen mit ihm.
Gebt denen, die euch bitten,
und kehrt denen nicht den Rücken,
die etwas von euch borgen wollen.
Matthäus 5,41.42

Erst kürzlich durfte ich erfahren, wie schön es ist, wenn jemand für mich eine Extrameile geht.

Mein Auto zeigte nach langer Zeit wieder einmal eine Störung. Die Glühspirale blinkte und ich bemerkte, dass die Motorleistung beim Bergauffahren schwächer war. Außerdem waren da seltsame Motorgeräusche.

In der Betriebsanleitung fand ich den unerfreulichen Hinweis: „So bald wie möglich eine Servicestelle aufsuchen."

Also machte ich mich nach der Arbeit auf den Weg zur Werkstatt.

Dort angekommen sah ich, dass sich vor der Anmeldung eine kleine Schlange gebildet hatte. Offensichtlich brauchten mehr Menschen Hilfe. Ich blickte gelangweilt und genervt um mich.

Da entdeckte ich den Mechaniker, den ich vom letzten Kundendienst in bester Erinnerung hatte. Der Mann kam in meine Richtung. Das war meine Chance ihn anzusprechen und ihm so kurz wie möglich mein Problem zu schildern. Er war sofort bereit, zu meinem Wagen zu gehen. Er öffnete, ohne lange zu überlegen die Motorhaube und siehe da, das Problem war gleich sichtbar. Er meinte nur ganz knapp: „So etwas habe ich noch nie gesehen." Ein Schlauch hatte sich aus seiner Verankerung gelöst und brauchte nur wieder befestigt zu werden. Kurz entschlossen holte er Werkzeug und behob das Problem. Dann holte er einen Computer um noch den Autocomputer zu befragen. Dieser bestätigte, dass das Problem beseitigt war.

Ich spürte die ganze Zeit so viel Dankbarkeit in meinem Herzen, dass es aus mir heraussprudelte: „Danke, Sie sind ein Engelsmechaniker für mich, mit Ihren strahlend blauen Augen." Er schaute mich grinsend an und ich bemerkte, dass seine Augen grün waren. Dazu meinte ich schmunzelnd: „Na, Hauptsache strahlend!"

Wir reichten uns die Hände und er meinte, ich könne gleich fahren. Das Problem war im Nu behoben und ich musste nicht einmal etwas bezahlen.

Die Stimmung, die dieses Erlebnis in mir hervorbrachte, war Freude, ein Strahlen, Lachen und ganz viel Dank.

Es tut so gut wahrgenommen und gesehen zu werden. Dieser Mann hat einen bleibenden Eindruck in meinem Leben hinterlassen. Er hat über meine Erwartungen hinaus gehandelt und ist die Extrameile für mich gegangen.

Ein Geschenk, das ich sehr zu schätzen weiß. Es hinterließ Spuren des Segens in meinem Herzen.

Schutz vor Unfällen

Denn er hat seinen Engeln befohlen, dass sie dich behüten auf allen deinen Wegen.
Psalm 91,11

Diese Bibelstelle schrieb mir meine Mutter im Volksschulalter ins Stammbuch. Sie malte auch ein Bild mit Engeln die ein Menschenkind schützen. Diese liebevolle Eintragung begleitet und stärkt mich nachhaltig. Dazu passend berührt mich dieser Vers: *„Wer aufrichtige Eltern hat, die Gott dienen, der kann sich glücklich schätzen."* (Sprüche 20,7)

Viele Jahrzehnte später wurde mir an zwei Ereignissen auf der Stadtautobahn von Wien bewusst, wie real dieser Schutz doch ist.

Beide Male bin ich ganz knapp vor einem Unfall bewahrt worden.

In der ersten Situation übersah ein älterer Autofahrer im toten Winkel ein Auto. Der übersehene Autofahrer reagierte und wich aus. Er kam auf meine Fahrspur und ich geriet in Bedrängnis, denn links von mir war nur noch die Leitplanke. Wie durch ein Wunder konnte ich den Wagen noch rechtzeitig abfangen und es kam zu keiner Kollision.

In der zweiten Situation war es ähnlich aufregend. Diesmal gab es auf der Autobahn eine Spurverringerung. Für mich kam sie ziemlich überraschend, und auf einmal waren auf zu wenigen Spuren zu viele Autos unterwegs. Mir stockte der Atem. Ich blickte ganz kurz nach links und nach rechts. Es blieb nichts anderes übrig als Gas zu geben. Erstaunlicherweise kam nicht einmal ein Außenspiegel zu Schaden.

Mir war nach beiden Fast-Unfällen klar, dass der Herr mich auf meinen Wegen behütet. Ich dankte und freute mich über diesen Schutz. Es ist nicht auszudenken, was es bedeutet, auf der Wiener Stadtautobahn einen Unfall zu haben.

Wenn Vorfahren „vorfahren“, können Nachfahren „nachfahren“

Ich lebe mein Leben in wachsenden Ringen,
die sich über die Dinge ziehen.
Rainer Maria Rilke

Unsere Vorfahren prägen uns, egal ob wir ihnen nacheifern oder uns von ihnen distanzieren. Sie lassen uns nicht unberührt. Ich mag an dem Wort „Vorfahren“, dass es bedeutet, dass da jemand schon einmal „vorgefahren“ ist. Es gibt eine Spur der wir folgen oder aus der wir ausbrechen müssen. So oder so geben unsere Vorfahren eine Orientierung „vor“, wohin es im Leben gehen könnte und wozu.

Genau dieser Gedanke aus dem Buch „Die bessere Hälfte“ (S. 176) von Dr. med. Eckhart von Hirschhausen und Dr. med. Matthias Esch spricht mich sehr an.

Ich darf erkennen, wo einer meiner Vorfahren „vorgefahren“ ist.

Mein Vater lebt schon seit dem Jahr 2010 nicht mehr.

Unsere Beziehung war leider distanziert. Rückschauend stelle ich fest: Wir haben die meiste Zeit unseres Lebens aneinander vorbeigelebt und vorbeigeliebt. Wir haben uns ein Leben lang emotional nicht gefunden.

Ein Jahrzehnt nach seinem Tod darf ich erkennen, dass da ein sehr lebendiger junger Mann in meinem Vater gelebt haben muss.

Leider ist dieser lebendige Anteil durch die Anforderungen des Lebens für mich unsichtbar geblieben. Spät aber doch, möchte ich mich versöhnen und hineinspüren, welch ein Mensch mein Vater gewesen ist.

Ich hatte mich als Erwachsene von ihm distanziert, jedoch hat mir das nicht den inneren Frieden gebracht. Wie Dr. Hirschhausen feststellt, lassen uns unsere Vorfahren nicht kalt.

Ich habe durch ein besonderes Erbe, welches aus fünf Tourenbüchern des Alpenvereins besteht, die Möglichkeit geschenkt bekommen, eine Spur zu meinem Vater zu finden.

Seit kurzem schmökere ich in diesen, von ihm handgeschriebenen Büchern. Sie wurden in der Zeit von Juli 1958 bis Juni 1968 geschrieben.

Darin beschreibt er seine Zeit beim Alpenverein in der Sektion Wiener Lehrer. In dieser Sammlung, bestehend aus 250 Berichten, erzählt mein junger Vater von Wander-, Kletter-, Schitouren und natürlich vielen Gipfelsiegen. Auch Reiseberichte nach Südtirol, Dänemark, Skandinavien, Ungarn oder Holland habe ich darin gefunden. Ich staune über seine Lebensfreude und den Mut, den er hatte. Die Watzmann-Ostwand zu durchklettern oder mit dem Fahrrad nach Dänemark zu radeln, sind für mich sehr überwältigende Highlights.

Neben Mut und Lebensfreude spüre ich beim Lesen die Wichtigkeit von Kameradschaft und einen unglaublichen Überwindergeist. Die Genauigkeit seiner Berichterstattung lässt mich staunen. Sogar selbstgezeichnete Landkarten, genaue Kilometerangaben und vieles mehr finden sich zwischen den geschriebenen Zeilen und den unzähligen Fotos.

Ich spüre Lust meinen Vater kennenzulernen. Ich bin stolz auf seine Erfahrungen und den Frohsinn, der beim Lesen aufkommt. Er hat die Natur geliebt und die Berge besiegt. Er schreibt: „Bergerlebnis und Kameradschaft, diese Dinge sind zu groß, zu stark, um darüber Worte verlieren zu können."

Diese Spur lockt mich an und ich spüre Parallelen. Sein Leben ist verknüpft mit meinem. Die Werte und Interessen, die er in seinen Tourenbüchern vermittelt, lassen mich nicht kalt. Sie berühren mich und bringen etwas in mir zum Schwingen. Ich bemerke, wie mich etwas entzündet und meine Lebensfreude verstärkt. Ein neuer Lebens- bzw. Erfahrungsring ist dabei sich zu formen.

Die Leichtigkeit des „Seins“

Der HERR ist mein Hirte;
mir wird nichts mangeln.
Er weidet mich auf grüner Aue
und führet mich zum frischen Wasser.
Psalm 23,1.2

Ich lese staunend und fasziniert von der Dänemark-Tour meines Vaters per Autostopp. Er war gerade mal 20 Jahre alt. Was mich an dieser Reise besonders beeindruckt, ist sein Umgang mit den schwierigen Abschnitten der Tour.

Im Jahr 1948 war mein Vater mit acht Jahren in Dänemark. Durch ein Schulprojekt wurde Kindern, die aufgrund des Krieges nur noch einen Elternteil hatten, das Angebot gemacht, die Sommerferien bei Familien in einem anderen Land zu verbringen. Dieses Angebot nahm mein Vater damals freudestrahlend an und hatte dadurch Pflegeeltern in Dänemark. Diese wollte er nach 12 Jahren wieder besuchen. Die Sehnsucht trieb ihn an, zwei Wochen für diese Reise in den Norden zu nutzen.

Er schrieb in sein Tourenbuch wie er mit dem Zug nach Salzburg fuhr, zu Fuß zur deutschen Grenze wanderte und von dort per Autostopp auf die Insel Fünen in Dänemark gelangte. Er beschrieb jedes Detail der Route sehr genau. Innerhalb von vier Tagen war er am Ziel. Mit acht verschiedenen Fahrzeugen und ein paar Stadtstraßenbahnen war er unterwegs. Auf der dänischen Insel Fünen angekommen, wanderte er auf einer schmalen Landstraße entlang und wurde von einem heftigen Gewitter überrascht. In dieser Situation schrieb er Folgendes: „Es begann zu regnen, nein, zu schütten. Ein Donnerschlag erfüllte die Luft und ein Blitz zuckte gleichzeitig. Das Gewitter war da. Kaum zu glauben, an dieser leeren Straße, kam gerade ein Lieferwagen vorbei. Ich hielt ihn an. Der freundliche Däne fuhr mich bis vor das Haus meiner Pflegeeltern. Endlich angekommen, wurde ich herzlichst begrüßt.

An den folgenden Tagen in Dänemark wurde ich von meinen Pflegeeltern wie ihr eigener Sohn behandelt. Niemand von ihnen konnte Deutsch und ich nicht Dänisch. Trotzdem verstanden wir uns wunderbar. Ich half meinen Pflegeeltern, wo es nur ging, auf dem Feld und auch im Haus. Abends saßen wir dann immer gemütlich beisammen, und ich erzählte von Österreich, von meinen Eltern und auch von den Bergen. Die Zeichensprache mit Händen und Füßen und auch ein kleines Wörterbuch leisteten uns dabei gute Hilfe." Weiter schrieb er: „Doch schöne Tage vergehen immer allzu schnell. Es waren acht schöne inhaltsreiche Tage, die ich hier verlebte. Nach dieser Zeit verabschiedete ich mich wieder herzlich von allen."

Frühmorgens brachte ihn sein Pflegevater mit seiner Beiwagenmaschine bis zur Hauptstraße. „Ein letzter Abschied, dann stand ich wieder allein auf der Straße, es regnete leicht. Es war sieben Uhr morgens. Ich hatte großes Glück. Ein amerikanischer Autofahrer nahm mich bis in die Lüneburger Heide in Deutschland mit. Dort angekommen, begann ich mir im Wald ein Freilager einzurichten. Gut im Kohtenblatt eingewickelt, begann ich einzuschlummern. Um 23 Uhr nachts wurde ich jäh aus dem Schlaf gerissen. Ein Gewitter zog auf. Es begann zu regnen, der Sturm wurde immer ärger. Hastig begann ich meinen Kram zusammenzukratzen. Etwa vier Steinwürfe entfernt stand das einzige Hotel in der Heide. Durch Dornen und Dickicht bahnte ich mir den Weg durch die stockdunkle Nacht. Im Hotel saß gerade eine vergnügte Jägerrunde von vornehmen Herren zusammen. Ich rollte in der Bar mein Kohtenblatt zusammen und packte wieder den Tornister. Auf einmal kam der millionenschwere Hotelbesitzer und lud mich zum Nachtmahl ein, alles gratis. Anschließend führte er mich in ein Hotelzimmer, wo ich die Nacht verbrachte."

Weiter ging die Reise, mit einem Auto bis Frankfurt. Mit einem weiteren bis Ludwigsburg. „Es war ein Uhr nachts. Das freundliche Ehepaar nahm mich mit zu seinen Verwandten, wo ich die Nacht verbrachte. Morgens erhielt ich noch ein Frühstück, und dann wurde ich zur Autobahn gefahren. Der freundliche Herr gab mir noch eine Wegzehrung und einige DM für die Weiterfahrt. Ich war von der Herzlichkeit dieses guten Mannes ganz gerührt." Mit 2 LKW und 3 PKW ging es weiter bis nach Salzburg zum Bahnhof. Mit dem Zug dann nach Wien.

Ganz neugierig las ich diesen spannenden Reisebericht.

Die Tatsache, dass er so abenteuerlustig war gefällt mir. Die besonderen Umstände dieser Reise ergaben sich, wenn er bei Gewittern so wunderbare Fügungen erlebte. Er hatte keinen Mangel und wurde immer wieder zur *„grünen Aue"* und zum *„frischen Wasser"* geführt.

Losgelöst vom Alltäglichen

Ich gehe auf einen Gipfel,
und wenn ich wieder herunterkomme,
bin ich ein anderer Mensch.
Peter Habeler

Mein Vater durchkletterte im Alter von 25 Jahren mit drei Bergkameraden Anfang Juni 1966 über den Berchtesgadener-Weg die Watzmann-Ostwand, die höchste Wand der Ostalpen.

Sein Bericht klingt sehr lebendig und wie die Erfüllung eines großen Traumes.

Mein Vater beschrieb die Tour und seine Gefühle wie folgt:

„In spannungsgeladener Stimmung und Freude haben wir uns diesen Traum erfüllt. Mit dem Motorschiff auf dem Königssee nähern wir uns dieser eindrucksvollen Wand. Jeder von uns hatte dasselbe überwältigende Gefühl, als wir das erste Mal diese wildromantische, himmelstrebende Riesenwand sahen. Noch nie hatte ich eine so hohe und eindrucksvolle Wand gesehen. Mitten durch diese Wand sollen wir morgen hochsteigen… unglaublich. Um halb drei Uhr morgens starteten wir mit vollgestopften Rucksäcken, Seilen und schweren Bergschuhen unser Wochenendabenteuer.

All unser Sinnen kreist um das Ziel. Von Zeit zu Zeit schauen wir hinauf, zu dem konturlosen Etwas, das 2000 m über unseren Köpfen in die Unendlichkeit des Sternenteppichs versinkt. Heute wird es uns gelingen. Wir fühlen es.

Der Morgennebel vom Königssee steigt langsam höher. „Pack ma´s und schau ma, dass ma aufikemma!“ So steigen wir stundenlang immer höher über Latschen und Schutt. Dann erreichen wir den richtigen Einstieg. Schnell seilen wir uns an. In sehr brüchigem Dolomit geht es die unterste Wandstufe empor.“ In zwei Seilschaften geht es voran. Mein Vater klettert voraus über Platten, durch Rinnen geht es voran. Der brüchige Fels verlangt den Kletterern höchste Vorsicht ab.

„Hunderte Meter liegen schon wieder hinter uns, unentwegt klimmen wir höher. Manchmal hören wir Wasser rieseln, setzen uns hin und gönnen uns eine kurze Rast. Tief unter uns der Königssee. Motorschiffe voll mit Touristen ziehen ihre Bahnen. Wir sitzen auf einem schmalen Gebirgsband und lassen unsere Füße hinunterbaumeln, sehen in die Ferne und fotografieren diese unvergesslichen Eindrücke.

Es ist schon später Nachmittag, und wir sind noch weit unterhalb der Biwak-Schachtel. In der Finsternis erreichen wir endlich die kleine Wellblechunterkunft, die wir uns sofort einrichten. Wir verbringen die Nacht wie Heringe geschlichtet im Biwak.

Am nächsten Tag um vier Uhr früh klettern wir wieder heraus aus unserer engen Büchse. Blutrot geht gerade die Sonne auf, ein eindrucksvolles Schauspiel der Natur. Flink kochen wir uns Tee mit dem Benzinkocher, und dann geht es weiter. In herrlicher, genussvoller Kletterei im festen Fels klettern wir hoch. Wir sind kaum eine Stunde unterwegs, da lösen sich durch die Wärme der Sonne einige Steine und prasseln polternd und pfeifend über unsere Köpfe hinweg. Unsere Militärhelme geben uns Schutz. Dann kehrt wieder Ruhe ein. Weiter geht es. Die letzten Seillängen in der Gipfelschlucht erfordern noch gespannte Aufmerksamkeit. Den Griffen darf man auch nicht allen trauen. Manch einer bricht aus.

Doch dann stehen wir auf dem Gipfel...

Fest drücken wir einander die Hände und schauen uns überglücklich in die Augen – Kameraden der Berge.

Wunschlos glücklich vergessen wir Zeit und Aufbruch. Wir nehmen dankbar das Geschenk der Berge an: die vollkommene Loslösung vom Alltäglichen, das restlose Vergessen aller Sorgen und Nöte und die befreiende Erkenntnis, wie nichtig die jagende, strebende Geschäftigkeit der Menschen gegenüber der Erhabenheit der göttlichen Schöpfung ist.

Wir erblicken am fernen Horizont - flimmernd silbrig durch den zarten Dunstschleier - die Gletscher von Glockner, Großvenediger und den Zillertaler Alpen. Aller Erdenschwere enthoben genießen wir Bergkameraden dieses schöne Bild.“

Dankbar nehme ich dieses mutige Bergerlebnis meines Vaters in meinem Herzen auf. Ein Teil von ihm wohnt in mir. Ich spüre die Resonanz beim Lesen dieses eindrucksvollen Berichts. Seine Gefühle und Eindrücke berühren und beleben mich und ich spüre sein Feuer in mir. Da brennt die Lust am Überwinden, eine Sehnsucht nach Erlebnissen und ein Erspüren der Erhabenheit der Schöpfung. Ich spüre, wie sich in meinem Innersten etwas mit ihm verbindet und zu heilen beginnt.

Eine Afrikareise mit nachhaltiger Wirkung

Nach den Abenteuern meines Vaters, nun einige meiner Reiseerlebnisse. 1999 verfasste ich meinen ersten Artikel. Darin beschrieb ich meine Zeit in Ostafrika. Es ist spannend, welche Eindrücke ich dort sammeln durfte.

Der Artikel wurde in der Schulzeitung meines ehemaligen Gymnasiums abgedruckt, was mich sehr stolz machte.

Wenn ich heute auf diese Zeit zurückblicke, fällt mir auf, dass ich schon früh sehr intensiv dachte und fühlte. Ich möchte diese Geschichte jetzt wieder zum Leben erwecken, denn ich staune, was mich damals schon alles bewegte.

Nun, was braucht man um in Afrika zu urlauben?

- Ein bisschen Geld (das Land ist billig), die richtigen Freunde, viel Verständnis und eine Riesenportion Gelassenheit. Man taucht schließlich in eine völlig fremde Welt ein! Ein paar Dinge fielen mir dabei besonders auf:
- Die Afrikaner sahen für mich alle gleich aus. Anfangs konnte ich sie nur anhand ihrer Zahnlücken unterscheiden und die zeigen sich oft, denn Afrikaner lachen gerne.
- Ich wurde mit einem gänzlich anderen Zeitbegriff konfrontiert. Stress ist diesen Menschen völlig unbekannt. Bei einem Termin um 12 Uhr ist es leicht möglich, dass dieser zuverlässig um 15 Uhr eingehalten wird.
- Die Stromversorgung ist nicht rund um die Uhr gesichert. Eine Taschenlampe oder Kerze sollte man des Nachts immer bereithalten, denn es ist jederzeit möglich, dass der Strom ausfällt. Meist passiert es genau dann, wenn man die Pizza oder den Kuchen im Backrohr hat.
- Nirgendwo passen so viele Menschen in ein Auto wie in Afrika. Es ist keine Seltenheit, dass 7 – 9 Personen in einen PKW gestopft werden. Vom Reisen in Bussen haben sie eine ähnliche Vorstellung. Hat man Pech, so wie wir, steht

man acht Stunden und lernt zu fühlen wie eine Sardine in der Dose. Phasen der Verwunderung, Aggression bis hin zur Resignation durfte ich dabei kennenlernen. Spannende Selbsterfahrungserlebnisse sind allen garantiert.

- Es ist nicht sicher, dass aus Wasserleitungen auch wirklich Wasser strömt. Wir mussten es eine Woche ertragen, auf fließendes Wasser zu verzichten. Dieser Verzicht führte zu unendlicher Dankbarkeit, als es wieder zu fließen begann.

- Die Werte der Gesellschaft scheinen manchmal auf den Kopf gestellt. Nicht schlank ist schön, sondern dick. „Wie toll, dass du so dick bist!" ist ein lieb gemeintes Kompliment. Mit dem Zuwachs an Rundungen steigt auch der Wert als Frau. Frau ist dann nicht nur vier, sondern acht Kühe wert.

- Die Insektenwelt ist XXL. Es krabbelt schnell einmal eine überdimensionale Spinne durchs Zimmer. Diesem Schock standzuhalten, wird zu einer fast täglichen Übung, besonders dann, wenn man herumreist und die Krabbelwelt verschiedener Regionen kennenlernen darf.

Es war meine Freundin Manu, die mich auf den afrikanischen Kontinent lockte. Sie arbeitete 1998 in Sambia im adventistischen Mwami-Krankenhaus. Dieses Spital umfasste damals 210 Betten und genoss einen besseren Ruf als das staatliche Krankenhaus in der Hauptstadt Lusaka. Weil der Staat pleite war, mussten Patienten für das Vorhandensein von OP-Handschuhen selber Sorge tragen.

Eine Woche lang erlebte ich das afrikanische Krankenhausleben. Ich begleitete Manu bei der Visite und war sehr erstaunt, wenn sie feststellte, dass das eine oder andere schwarze Kind recht blass sei. Das war eben ihr Kennerblick. Für mich waren derlei Feinheiten nur sehr schwer zu erkennen.

Leider kann man sich die Heiterkeit nur kurz bewahren, denn überall begegnen einem Krankheit und Armut und zwar in einem ungewohnt erschreckenden Ausmaß. Die Hauptprobleme sind Unterernährung, Malaria und Aids.

Da es an sämtlichen Medikamenten mangelt, bleibt die Hilfe immer unvollkommen.

Trotz all des Leides konnte ich erleben, dass uns Gott in unseren Bemühungen nicht alleine lässt. Der Herr bestärkte Gideon mit folgenden Worten:

„Geh hin in dieser deiner Kraft...
Ich will mit dir sein."
Richter Kapitel 6

Diese Zusage Gottes hat mich in meiner Afrikazeit ermutigt, denn ich stieß sogar als Besucherin an meine Grenzen.

Wir sind als reiche „Mussungos" (Weiße) beim Erkennen der vielen Bedürfnisse sehr gefordert. Wenn man bedenkt, dass der Monatslohn eines Lehrers damals 100 000 Kwacha (ca. 50 €) betrug, dann versteht man vieles. Hungern am Ende des Monats war nichts Ungewöhnliches.

Spielzeug zu besitzen ist ein Vorrecht. Die meisten Kinder spielen mit irgendwelchen Abfällen und Sand. Es ist erstaunlich: Die Kinderaugen strahlen trotzdem.

Noch mehr Freude kehrt ein, wenn sie beschenkt werden. Ich durfte eine Hilfslieferung von Österreich mitnehmen. Da waren eine große Menge Buntstifte und Malbücher enthalten. Ich überreichte ihnen die Geschenke und ihre Freude war riesengroß. Anfangs wussten sie gar nicht damit umzugehen. Die Eltern halfen mit und malten gleich ganz begeistert die Malbücher an.

Die Reaktion der Menschen war für mich tief bewegend.

Beim Besuch in einem Nachbardorf lernte ich eine Lehrerin kennen. Sie war damals gleich alt wie ich, nämlich 28. Da meine Mutter ebenso Lehrerin war, interessierte ich mich sehr für ihre Arbeit. Der Unterricht fand in einem sehr armseligen Gebäude auf Englisch statt. Es fehlte in vieler Hinsicht an Lehrmaterialien. Mit Hilfe ihrer bunten Kleidung musste sie den Kindern die Farben erklären. Auch hier hinterließen wir Buntstifte und Malbücher, die freudig entgegengenommen wurden.

Nun möchte ich noch die Gefühle beschreiben, die mich nach der Rückkehr in unsere Welt überkamen. Ich hatte den Eindruck, ich hätte Armut, Stille und Gelassenheit wieder gegen Luxus, Lärm und Leistungsdruck getauscht. Plötzlich war ich wieder da, wo ich immer gewesen bin. In diesen Wochen in Afrika wurde mir ganz stark bewusst, wie schnell man in unserer lauten, reichen und funktionierenden Welt den Draht zu Gott durch allerlei Dinge ersetzt. Blaise Pascal machte diesen Gedanken mit folgender Aussage deutlich:

„Im Herzen eines jeden Menschen befindet sich ein von Gott geschaffenes Vakuum, das durch nichts Erschaffenes ausgefüllt werden kann als allein durch Gott, den Schöpfer."

Auch in dieser fernen Welt konnte ich erkennen, dass Menschen die Kraft geschenkt bekommen, ihr Leben zu meistern. Trotz des Elends sah ich strahlende Gesichter.

Ich glaube, jede Zivilisation hat ihre eigene Problematik.

Jeder fehlt das gesunde Gleichgewicht. Lasst uns voneinander lernen!

Gott möge uns die Weisheit schenken, den Ausgleich in unserem persönlichen Leben zu finden.

Erinnerungen an Südafrika beleben die Sinne

Ich werde dir beistehen. Ich beschütze dich.
1.Mose 28,15a GNB

Vor vielen Jahren sagte einmal ein Freund zu mir: „Vergessene Zeit ist verlorene Zeit.“ Ich antwortete selbstsicher: „Dann habe ich nicht viel verlorene Zeit, denn ich führe ein Tagebuch.“

Somit machte ich mich in meiner Covid-Quarantänezeit (davon später mehr) auf die Suche und stöberte in alten Tagbüchern nach Schätzen vergangener Tage. Was ich da so fand, begeisterte mich.

Ich tauchte wieder in das Jahr 2012 ein, als ich meine Fast-Stiefmutter Trudy in Südafrika besuchte. Mein Vater war nach dem Tod meiner Mutter oft unterwegs und lernte in Südafrika Trudy kennen. Leider starb er 2010. Nach diesem traurigen Ereignis, lud mich Trudy zu sich ein. Im Mai 2012 besuchte ich sie endlich.

Wenn ich jetzt lese, was ich damals niedergeschrieben habe, werden diese Tage wieder lebendig, und ich möchte gleich wieder hin: „Mein erster Tag in Ballito beginnt wie im Paradies. Ich schlafe in einem Prinzessinnenbett, werde mit Panflötenmusik geweckt und mit Roibuschtee verwöhnt. Einfach herrlich!“ Trudy wohnte in einem wunderschönen Haus, hoch über dem Indischen Ozean. Ich hatte drei Wochen für diese gemeinsame Zeit eingeplant. Ich lebte in diesem Zeitraum einfach mit ihr und lernte ihren Lebensstil kennen. Sie arbeitete selbstständig. Dies forderte sie sehr, denn die Kunden und das Geld fielen ihr nicht einfach zu. Wenn sie arbeitete, wanderte ich zum Ozean und genoss die Stunden dort. Fotografieren und Nachdenken taten gut. Die Tatsache, am südlichsten Zipfel dieser Welt zu sein, hatte etwas Besonderes an sich.

Neben diesen gemütlichen Tagen gab es auch ein paar Höhepunkte. Einmal fuhren wir mit ihrer Tochter und dem Schwiegersohn zum Fischen. Ein andermal nach Durban zum Stadion und zum Seaworld Aquarium. Dort durfte ich mit einem Delphin kuscheln.

Ganz besonders erlebte ich den Besuch in einer Katzenfarm. Dort war es möglich, Großkatzen zu streicheln. Diese Kuschelzeit mit zwei Geparden und einem Luchs begeisterte mich sehr. Mittlerweile ist es ja schon bekannt, dass ich Katzen liebe.

Ich genoss diese Geschenke sehr, aber das größte von allen war, dass in der Zeit, wo ich bei Trudy wohnte, eine Katze aus der Nachbarschaft bei mir einzog. Diese süße Kitty kam mich immer in der Nacht besuchen. Dafür hatte ich vorsorglich das Fenster einen Spalt weit offen, damit sie ungehindert zu mir kommen konnte. Da lag sie dann schnurrend und entspannt neben mir. Es war jede Nacht eine Freude, sie in meinem Zimmer willkommen zu heißen.

Neben diesen tierischen Freuden lernte ich auch die Lebensweise der Südafrikaner kennen, die mit Rugby ihre Wochenenden füllten und gerne mit Cocktails am Ozean saßen.

Die Begegnung mit einem Affenrudel begeisterte mich auch sehr. Es lief durch Trudys Wohngegend und kam auch zu ihrem Haus. Sie meinte, dass so ein Besuch sehr unangenehm werden könne, wenn man Türen oder Fenster zu schließen vergessen hatte. Wir waren achtsam und fütterten sie mit den Händen. Es war erstaunlich, wie gierig sie uns das Essen entrissen und dann davonliefen. Sie beim Essen zu beobachten, war besonders putzig. Ein Affenkind versteckte sich im Baum, während ich versuchte, es zu fotografieren. Es war wie mit einem kleinen Kind, das mich irreführen will. Aber das Foto wurde sehr süß.

Ich stelle fest: Der Lebensstil in Südafrika verzückt mich. So nahe mit den Tieren zu leben, ist wunderschön. Zumindest für mich.

Die Zeit mit Trudy war getragen und wunderschön. Wir redeten viel über meinen Vater und ihre Zeit mit ihm. Wir genossen es, miteinander zu essen, zu reden und Geige zu spielen. Mit Letzterem war Kitty nicht so einverstanden. Aber sie zog trotzdem nicht aus.

Die Tage waren durchzogen von Fürsorge und schönen Eindrücken, die bis heute nachwirken.

Leider war es nach den drei Wochen wieder an der Zeit, Abschied zu nehmen. Für diesen Abschluss suchten wir uns einen besonderen Kraftplatz mit einem Leuchtturm, um die letzten Stunden zu verbringen. Der Abschied am Flughafen war dann rührend, und es tat sehr weh, da der afrikanische Kontinent so weit weg ist.

Im Flieger kamen mir die Tränen, und ich versuchte sie in den Griff zu bekommen. Neben mir saß eine liebe „Engelsfrau“, die mich in meinem Abschiedsschmerz wahrnehmen konnte. Sie ging so rührend auf mich ein, dass ich fast das Gefühl hatte, Trudy sitze neben mir. Ich fühlte mich plötzlich wunderbar geborgen. Da kamen mir die einleitenden Bibelworte wieder in den Sinn, denn ich fühlte mich unglaublich beschützt.

An all das jetzt zu denken, führt mich zurück in diese Tage der Begegnungen in Südafrika. So schön, erfüllend und besonders.

Damals war diese Zeit ein Geschenk und heute, nachdem ich wieder in diese Welt eintauche, gleich wieder.

Aus dem Alltag gerissen

Erfahrung ist nicht das, was einem zustößt.
Erfahrung ist das, was man aus dem,
was einem zustößt, macht.
Aldous Leonard Huxley

Aus der jüdischen Überlieferung ist mir bekannt, dass der Lebensweg Lernstationen mit sich bringt. Mit dieser Sicht auf die Dinge fiel es mir leichter, zu akzeptieren, was ich erleben musste und woran ich wachsen durfte.

Im Sommer 2004 rollte eine sehr schwere Lernstation auf mich zu, und das in Form eines heftigen epileptischen Anfalls, gefolgt von Überraschungen, die mich aus der Bahn schleuderten.

Gott sei Dank, war ich zum Zeitpunkt des Krampfanfalles nicht alleine. Ich war gerade bei einer Freundin und wir verbrachten eine sehr angenehme Zeit.

In dieser entspannten Atmosphäre bekam ich eine visuelle Sehstörung, welche immer stärker wurde. Was folgte, waren eine Bewusstlosigkeit und ein heftiger Krampfanfall. Meine Freundin holte die Rettung. Als ich wieder wach wurde, verluden mich die Rettungsleute gerade in den Krankenwagen. Ich war völlig verwirrt und erschöpft.

Nichts ging diesen Symptomen voraus. Ich hatte auch keine Kopfschmerzen oder Ähnliches.

Ich wurde wie aus dem Nichts, aus meinem Alltag gerissen und war plötzlich eine Patientin, die ins nächstgelegene Krankenhaus gebracht wurde. So schnell kann sich alles ändern.

Auf dem Weg dorthin war ich sehr müde. So ein Krampfanfall bringt einen an die Grenzen. Mir war es nicht einmal möglich, einen Anruf zu tätigen, geschweige denn, eine SMS zu verschicken.

Im Krankenhaus wurde ich gut versorgt und konnte ein paar meiner lieben Freundinnen anrufen. Untersuchungen folgten, inklusive der wichtigen MRT. Sie entdeckten einen gutartigen Tumor. Ein ziemlich großes Meningeom, welches auf die Sehrinde drückte und somit Sehstörungen und den Krampfanfall auslöste.

Ich sollte so bald wie möglich operiert werden, um das Meningeom zu entfernen. Für die Ärzte war diese Diagnose reine Routine, und darum vermittelten sie mir diese Hiobsbotschaft, sehr entspannt. Für mich aber, brach meine kleine Welt zusammen. Geschockt versuchte ich die neue Realität wahr- und auch anzunehmen. Es dauerte ein paar Stunden oder besser Tage. Mein Freundeskreis war sehr verständnisvoll und half mir dabei.

Da ich selbst im Krankenhaus als Röntgenassistentin arbeitete, war ich oft mit solchen Krankengeschichten konfrontiert. Das half, die Fakten zu verstehen. Selbst betroffen zu sein, erweiterte meine Wahrnehmung und ich spürte noch nie dagewesene Ängste und Unsicherheiten.

Wenn die Erfahrung nicht wäre,
wäre alles wie immer.

Ich hatte bis zur Operation fünf Wochen Zeit. Diese war von einem heftigen emotionalen Seegang geprägt.

Wellenberg wie Wellental empfand ich sehr stark und intensiv. Doch in dem intensiven Auf und Ab der Empfindungen, spürte ich eine Kraft die mich unterstützte. Eine Kraft die mich Neues lehrte und mich trug.

Ins Tagebuch schrieb ich: „Ich habe das Gefühl, etwas ganz Besonderes zu erleben. Es ermöglicht so viel. Wenn das nicht wäre, wäre alles wie immer. Manchmal empfinde ich es wie ein spezielles Geschenk. Ich werde behutsam behandelt, werde angehört und habe eine stärkere Wirkung auf die Menschen, die mich umgeben. Meine Einstellung wird wahrgenommen und bewundert. Es fällt auch leichter, Liebe zu geben. Etwas Neues nimmt Raum ein. Gott ist in ganz außergewöhnlicher Weise da."

Aber es waren auch große Ängste vorhanden, die mich aus der Bahn schleuderten. Ein Traum machte dies deutlich.

„Ich träume, dass ich in einem Schacht stecke der steil nach unten geht. Ich fürchte abzustürzen, aber nichts passiert."

Tage später schrieb ich ins Tagebuch folgendes Gebet. „Danke, dass so viele für mich da sind. Ich fühle mich so eingebettet, beschenkt und getragen. Ich spüre die Gebete für mich. Tut sehr gut.

Danke, dass die Angst nicht übermächtig ist. Es wird so viel Schönes lebendig. Ich spüre, wie sich mein Denken verändert und eine neue Richtung erkennbar wird."

Dann kippte der Wellenberg wieder ins Wellental.

„Ich spüre, wie ich auf diesem Weg immer einsamer werde. Weine über die Schwere meines Weges. Eine weitere MRT-Untersuchung schwächt mich. Es ist demütigend, so bedürftig zu sein..."

Einsamkeit, Schwere, Bedürftigkeit ziehen mich nach unten.

In all das hinein kam mich mein lieber Pastorenfreund Gerhard besuchen und betete für mich und meinen Meilenstein der Entwicklung. Sein tröstlicher Zuspruch: „Gott ist da, du bist in guten Händen."

Ende September 2004 wurde ich operiert. Äußerlich übergab ich mich den Händen der Ärzte, innerlich vertraute ich mich Gott an.

Mein Krankenzimmer wird zum Wohnzimmer

Mit Freundlichkeit und Liebe wollte ich sie ihren Weg führen. Ich habe ihnen ihre Last leicht gemacht – wie ein Bauer, der seinem Ochsen das Joch hochhebt, damit er besser fressen kann, ja, der sich bückt, um ihn selbst zu füttern.
Hosea 11,4 HFA

Vier Stunden dauerte der Eingriff und in der folgenden Nacht kam ich auf die Intensivstation. In der Früh putzte ich mir schon selbst die Zähne. Am Vormittag war ich bereits auf der Normalstation, wo mich ein wunderschöner Blumenstrauß erwartete. Ein Arzt aus meiner Röntgenabteilung hatte an mich gedacht, was mich sehr freute!

Wieder im Leben angekommen, verschickte ich eine SMS-Ladung, um meinen Freunden ein Lebenszeichen zu geben. Die Reaktionen machten mich glücklich. „Gibt´s ja net, du bist schon smsfit..." „Gott sei gepriesen! Haben sie dir das Knopferl herausgenommen? Wirst in Zukunft unkomplizierter denken können – Scherz! Toll, dass es so gut geklappt hat."

Neben den vielen SMS-Antworten bekam ich auch viele Besuche und wurde viele Male herzlichst gedrückt.

Eine Nachricht hat mich besonders erfreut: „Ich bin glücklich und Gott so dankbar, dass du weiterhin trocken scherzen wirst und du dein Leben neu geschenkt bekommen hast! Wenn wir es nur mitkriegen, wissen wir: Er ist immer da."

Mit meinem Onkel hatte ich auch eine sehr berührende Begegnung. Er reiste gerade durch Europa und berichtete viel Ermutigendes und dass das Leben, wo immer man ist, alles bereithält. „Akzeptanz und in seinem Leben Gott zum Ausdruck bringen, das ist der Weg." Wie wohl es tut, das zu hören.

Auf meinem Heilungsweg gab es jedoch zwei Rückschläge. Ich hatte wieder einen Krampfanfall und ein vergrößerter Lymphknoten gab Rätsel auf.

Es war aber alles halb so wild, beides ließ sich mit Hilfe von Medikamenten auflösen.

Hinzu kam dann ein Besucherloch, das mir diesen Wegabschnitt schwer machte. Ich verfiel schwermütigen Gedanken, wobei mir bewusst wurde, dass ich diese einsame Phase der Krankheit nur sehr schwer aushalte.

Das Alleinsein zu akzeptieren und einfach nur zu sein ohne zu fordern, brachte mich an meine Grenzen. Über die Zeit wurde mir klar, dass genau hinter dem äußeren Heilungsweg, der innere verborgen lag.

Die äußere Krankheit wurde mithilfe einer Operation entfernt und die epileptischen Anfälle wurden mit Medikamenten reguliert. Der innere Heilungsweg bestand darin, das Alleinsein anzunehmen ohne zu fordern. Mein Denken brauchte Erweiterung und einen neuen Glaubensansatz. Dafür nahm ich mir in den folgenden Monaten und Jahren Zeit.

Nach den zwei Rückschlägen und der stark gefühlten Einsamkeit zeigte sich das Leben wieder sozial. Eine Freundin brachte meinen CD-Player und einige CDs vorbei. Eine andere brachte etwas zu essen, sowie ein wunderschönes Bild von einem Sonnenaufgang.

Wieder eine andere Freundin rief mich mit folgender Frage an: „Wo bist du gerade? Damit ich, wenn ich an dich denke, weiß, wo du bist!" Voll witzig - diese Aussage. Sie tanzte kurze Zeit später mit einem Germ-Gugelhupf bei der Tür herein. So lieb, denn das ist mein Lieblingskuchen.

In dieser Zeit verwöhnten und besuchten mich viele Engelsmenschen. All diese Begegnungen trösteten und stärkten mich.

Dank der lieben Besucherinnen gestaltete sich der Bereich meines Krankenzimmers um. Bei der Visite meinte der Primar: „Bei Ihnen wird es ja immer mehr zum Wohnzimmer." Ja, das stimmt. Ich war in dem, was ich durchlebte, angekommen.

Die äußere und innere Heilung schreitet voran

Lasst euch von Gott durch Veränderung eurer Denkweise in neue Menschen verwandeln. Dann werdet ihr wissen, was Gott von euch will: Es ist das, was gut ist und ihn freut und seinem Willen vollkommen entspricht.
Römer 12,2 NL

Nach zwei Wochen konnte ich das Krankenhaus verlassen und mein Wohnzimmer im privaten Bereich aufschlagen.

Die Zeit danach war davon geprägt, Schritt für Schritt ins normale Leben zurückzufinden.

Die Tatsache, eine Glatze zu haben, war neu und vom Gefühl her eher kühl, denn der Winter zog ins Land. Eine Decke über dem Kopf beim Schlafen und eine Mütze halfen die Kälte abzuschirmen.

Ein weiterer auffälliger Unterschied zu vorher war, dass ich einen Besuch in der Stadt sehr anstrengend empfand. Die vielen Reize überforderten mich. Viel Ruhe half dies auszugleichen.

Ich lernte mit 34 Jahren einen langsamen Lebensstil mit vielen Ruhepausen kennen. Das war ungewohnt, aber notwendig. Ich nahm mein neues Leben an und lernte mich stetig zu verschnellern. Ende September war die OP, nach sechs Monaten, Anfang März, hatte ich meinen ersten Arbeitstag.

Zum äußeren Heilungsprozess gesellte sich auch mein innerer. Dieser war davon geprägt, herauszufinden, was mich diese Krankheit lehren sollte.

Ich versuchte genau hinzusehen. Was mir bei dieser Erfahrung auffiel, waren folgende Aussagen, die mich über Wochen und Monate begleiteten:

> Ich hatte einen raumfordernden Tumor, der entfernt wurde.
> Für mich bedeutete das: „Jetzt darf *ich* Raum einnehmen."

Ich spürte, wie sich mein Denken erweiterte.
Mein neuer Glaubensansatz:
Vertrauen und mit Gott Raum erobern.

Mein Vertrauenstraining begann.

Mittlerweile sind 18 Jahre vergangen, und ich blicke auf diesen Meilenstein der Entwicklung mit Dank zurück.

Der Vorsatz für das Leben

Warum nur?

Warum nur ist der, der wirklich liebt, so frei?
Weil er vom anderen nicht alles will.

Warum nur ist der, der wirklich liebt, selbst geliebt?
Weil er vom anderen nicht alles will.

Warum nur ist der, der wirklich frei ist, so liebevoll?
Weil er vom anderen nicht alles will.

Warum verschenkt sich das Leben gerade an den
Freien?
Weil er vom Leben nicht alles will.

Unbekannt

Diesen Spruch habe ich kurz nach meiner Kopf-OP in mein Tagebuch geschrieben. Für mich brachten diese Worte genau das auf den Punkt, was ich empfand.

Heute berühren mich diese Zeilen noch immer ganz tief.

Liebe statt Forderung, Annahme statt Widerstand, Freiheit statt Erwartung. Wie wohltuend.

Die vielen kleinen Herausforderungen des Lebens neu wahrzunehmen, erweiterten und befreiten.

Mein Fortschritt und meine Rückschläge zeigten sich in vielen Lebenslagen. Eine Episode ließ mich schmunzeln.

Meine liebe 80-jährige Freundin aus Oberösterreich sagte kürzlich voll Einsicht zu mir: „Ich habe noch einiges zu lernen." Ich erwiderte keck: „Bist du denn noch immer nicht ausgelernt?" Sie antwortete verschmitzt: „Es irrt der Mensch, solang er lebt, weil er so gern nach dem Falschen strebt." Wie amüsant und selbstironisch sie doch sein konnte. Eine Freude.

Diese kleine Begegnung lässt mich innerlich lachen. Wie schön, dass sie in ihrem Alter barmherzig mit sich ist und sich ihren Humor bewahrt hat.

Ich glaube, in all den Lernaufgaben gnädig mit sich zu sein, entspannt. Das Leben gestaltet sich, wenn man es lässt. Der Vorsatz, vom Leben nicht alles wollen zu müssen, beruhigt. Sich stattdessen beschenken zu lassen, befreit.

Wieder im Alltag angekommen

Die wahre Lebenskunst besteht darin,
im Alltäglichen das Wunderbare zu sehen.
Pearl S. Buck

Mit dem Gesunden rückte auch das normale Leben wieder in greifbare Nähe. So war es dann nach einem halben Jahr so weit, wieder den Dienst im Krankenhaus aufzunehmen. Dieser Umstieg in den Alltag war eine Herausforderung. Jetzt wurde ich nicht mehr wie eine Kranke, sondern wie eine Gesunde behandelt. Der Krankheitsgewinn durch „Liebevolles-umsorgt-Werden" rückte in den Hintergrund und der Auftrag, das Arbeitspensum zu bewältigen, in den Vordergrund. Ich tauchte wieder in gewohnte Arbeitsabläufe ein und bemerkte nach einigen Wochen. Alles war wieder wie zuvor. Genau dieses Einerlei machte mich nachdenklich. Wie wohl täte es, wenn verschiedene Arbeitstage herausstechen und mit ihrem Anderssein bestechen.

Kann ich etwas zu einer Veränderung beitragen?

Ein Gespräch mit meiner Freundin Johanna hat mich auf neue Gedanken gebracht.

Sie erzählte mir von einem Vers aus dem Wort Gottes:

„Singt dem Herrn ein neues Lied!"
Psalm 96,1

Diesen Satz hatte sie in ihrem Innersten hin- und herbewegt und geriet dabei auf eine sehr befreiende Denk-Spur.

Sie stellte sich die Frage: „Singe ich dem Herrn überhaupt ein neues Lied, oder singe ich immer die alten Lieder, mit denen ich ihn schon langweile?"

Sie verdeutlichte ihre Gedanken: „In welcher Form kommen in mir immer die alten Lieder und Urteile hoch? Wo drücke ich den Dingen immer denselben Stempel auf?" Während sie erzählte, spürte ich, wie mich ihre Gedanken faszinierten und neugierig machten. Ich hatte den Eindruck, ich bekomme Antworten auf schon lange gestellte Fragen. Ihr Weitblick brachte so vieles auf den Punkt und machte klar, wie durch ewig gleiche Urteile und Bewertungen ein Automatismus entsteht, der wirkliches Leben blockiert.

Ist es in Ordnung, Menschen, Situationen, Vergangenes durch die ewig gleichen Bewertungen in Kästchen zu sperren? Tut uns das wirklich gut, oder sperren wir uns dadurch auch gleich selbst ins Gefängnis mit ein?

Meine liebe Freundin erzählte weiter, wie sie in ihrem Leben oftmals in diese Falle getappt und durch viele Schmerzen gegangen ist. Der Weg ins Erkennen war wie der Weg durch einen Geburtskanal. Oft wanderte sie durch finstere Täler der Bewertung: „Rückblickend hat es sich gelohnt. Ich kann die Lebenslagen und Menschen mithilfe von Gottes Wort neu beleuchten. Zur Quelle, zum Wort Gottes zu gehen, stärkt mich wirklich. Die Stärke durch die Bewertung ist trügerisch und nur von kurzer Dauer. Jetzt erlebe ich, wie sich meine Sicht erweitert. Ich habe gelernt, die Enge meines Denkens zu verlassen und in die Weite zu gehen. Mir ist bewusst geworden, dass die Auseinandersetzung mit der eigenen Bewertung vieles verändert. Wenn ich sie loslasse, zerfällt sie. Es ist so, wie wenn ein Kartenhaus zusammenfällt. Wenn ich das zulassen kann, kann ich mein Gedanken–Gefängnis endlich verlassen."

Ihre Worte und die Erklärung der Zusammenhänge ist wie Nahrung für mich.

Johanna fand den Weg, dem Herrn ein neues Lied zu singen.

Ich fühle mich ermutigt, auch neue Schritte der Heilung zu wagen. Das bedeutet, die ewig gleichen Abläufe in einem neuen Licht zu sehen. Ihnen eine Chance zu geben, damit sich der Text eines neuen Liedes im Alltag zeigen kann.

Nehmen mich meine Sorgen gefangen oder bin ich frei?

Macht euch um nichts Sorgen!
Wendet euch vielmehr in jeder Lage
mit Bitten und Flehen und
voll Dankbarkeit an Gott
und bringt eure Anliegen vor ihn.
Philipper 4,6 NGÜ

Der Umgang mit Sorgen kann niederdrücken und einem bewusst machen, dass man gar nicht so frei ist, wie man sein möchte.

Warum nimmt man sich selbst diese Freiheit und sperrt sich in ein selbsterdachtes Gefängnis ein, in welchem man bleibt und sich einschränkt?

Wieso denkt man Sorgen groß und kann das Leben nicht einfach auf sich zukommen lassen? Vertrauen statt kontrollieren?

Gibt es aus dem ein Entkommen?

Die Empfehlung Gottes ist klar: *„Macht euch um nichts Sorgen!"* Doch manchmal scheint es unmöglich zu sein, sich keine Sorgen zu machen und die Anliegen einfach Gott zu überlassen und dankbar zu sein.

Wenn ich mein Leben Revue passieren lasse, zeigt sich, dass auch in meinem Leben das „Sorgen" immer wieder da war und viel Raum eingenommen hat.

Viel Lebenszeit habe ich damit zugebracht, Horrordrehbücher im Gehirn zu schreiben. „Was ist, wenn? Warum ist das so? Warum kann ich nicht?"

Und schon hat sich mein Gehirn endlose Geschichten ausgedacht und dabei kein Happy End gefunden. Wie eine Süchtige war ich dazu gezwungen, mich in einen Strudel hineinzudenken. Um aus all dem herauszufinden, wurde mir in meiner Lebensberaterausbildung empfohlen, ein kraftvolles „Stopp" zu formulieren? Das hat dann kurzfristig geholfen.

Aber langfristig war es notwendig, das Problem mit dem „Sorgendenken“ an der Wurzel zu packen. Aber wo ist die Wurzel? Wie kriege ich sie zu fassen?

In meiner Not finde ich diese Antworten in einem Artikel, der mich sehr anspricht:

Das Gehirn ist wie ein Computer und es glaubt was wir denken. Wenn nun schon früh das „Sorgendenken“ eingeübt wurde, hält es diese Ordnung aufrecht und verwehrt sich neuer Gedanken.

Das Gehirn bleibt, solange wir nichts bewusst ändern, in diesem Modus. Dazu passt der Spruch: „Wenn du denkst, was du immer denkst, geschieht, was immer geschieht.“

Durch „oftmaliges Denken“ entstehen im Gehirn Datenautobahnen. Weniger frequentierte Bahnen werden lahmgelegt. Wir haben es in der Hand, welche Wege befahren werden, also denke an das was gut ist und hilft, gesünder zu werden.

Neue Gedanken lassen neue Wege entstehen. In Gottes Botschaft heißt es: *„Dann wird der Friede Gottes, der weit über alles Verstehen hinausreicht, über euren Gedanken wachen und euch in eurem Innersten bewahren - euch, die ihr mit Jesus Christus verbunden seid. Konzentriert euch auf das, was wahr und anständig und gerecht ist. Denkt über das nach, was rein und liebenswert und bewunderungswürdig ist, über Dinge, die Auszeichnung und Lob verdienen.“*

Es macht einen Unterschied, was ich denke. Dies umzusetzen, machte es dann auch möglich das Sorgengefängnis zu verlassen.

Seitdem ich all das erkannt habe, übe ich mich darin, Gott meine Anliegen und Sorgen anzuvertrauen.

Am Ende eines Tages formuliere ich meinen Dank, denn es gibt täglich mindesten 5 - 10 Dinge, für die ich dankbar bin. Das zu tun, macht Freude und fördert das Gefühl von Geborgenheit und Vertrauen.

„Papa Gott meint es doch gut mit mir.“

Unruhe verwandelt sich

Was betrübst du dich, meine Seele,
und bist so unruhig in mir?
Warte vertrauend auf Gott!
Denn ich werde ihm noch danken,
dass er meines Angesichts Hilfe
und mein Gott ist.
Psalm 42,12

Heute ist der letzte meiner freien Tage, bevor ich wieder drei Tage in die Arbeitswelt eintauche. Diese Tatsache treibt mich jedoch ungewöhnlich an, und ich spüre, wie ich die letzten freien Stunden nützen muss.

Unruhig laufe ich durch meine Wohnung und mache all das, was noch erledigt werden sollte. Meine Katze lenkt mich ab und möchte bespielt werden. Zwischendurch hetze ich in die Küche um etwas wegzuräumen und ins Bad um noch die Wäsche zu erledigen. Dazwischen wird telefoniert, um noch ein dringend notwendiges Autoservice zu organisieren.

Ein oftmaliger Blick aufs Handy lässt mich auch nicht los. Vielleicht meldet sich ja jemand, dem ich antworten muss. Außerdem möchte ich an meinem Buch weiterschreiben. Hab' so viele Ideen, aber was schreibe ich zuerst?

S T O P

Ich erkenne, dass ich völlig aus der Spur geraten bin. Ich möchte alles und das sofort und jetzt. Merke dabei aber gar nicht, wie ich auf diese Weise immer mehr in einen Strudel hineingerate und mich immer unwohler fühle.

Ich entscheide mich, auszusteigen. Setze mich zum geöffneten Fenster und schließe die Augen um innezuhalten und die Sonne zu genießen.

Ich beginne ein stilles Reden mit Gott. Er weiß, was mit mir los ist und ich spüre Ruhe, die sich gleich auf meine Katze überträgt. Sie hat sich auch in die Sonne gelegt und begonnen sich zu putzen.

Ich genieße diese Momente der Stille und des ruhigen Zwiegesprächs mit dem, der mich am besten kennt.

Erfolgreich schalte ich den Gang in mein Lebenstempo zurück und setze mich an meinen PC.

Ich setze die Schreibarbeit für mein Buch fort. Ich spüre, dass Wörter in mir auftauchen, die es leicht machen zu schreiben. Mein Geist ist plötzlich ganz wach und bei der Sache. Ich spüre, dass ich mich auf das fokussiere was ich mache. Da ist wieder Freude in mir und ich schreibe nieder was auf meinem Herzen ist. Dankbar nehme ich entgegen, was mir geschenkt wird.

Mit beiden Beinen im Leben gehen

Du stellst meine Füße auf weiten Raum.
Psalm 31,9

So geht oder steht der Mensch mit seinen beiden Beinen im Leben. Dieser Gegensatz rüttelt mich wach und belebt mein Denken, und ich erinnere mich an einen Gedanken, den ich in einer jüdischen Überlieferung entdeckt habe.

Es geht darum, wie wichtig es ist, mit *beiden* Beinen seinen Lebensweg zu gehen. Dies wird auch noch genauer beschrieben und definiert. So wird klar, wofür das eine und das andere Bein steht. Diese Sinndeutung spricht mich sehr an und führt mich in tiefere Denkwelten.

- Das eine Bein steht für die Sichtbare Realität dieser Welt. Eine Welt die man mit dem menschlichen Verstand messen und erklären kann.
- Das andere Bein steht für das Verborgene oder Spirituelle, für das Unsichtbare. Eine Welt die man nur in Vertrauen und Hingabe wahrnimmt.

Optimal ist, wenn man mit beiden Beinen fest gegründet ist und durch das Gehen ein Gleichgewicht zwischen beiden Seiten entsteht.

Hat der Mensch die Haltung des Vertrauens kennengelernt, weiß er, dass das eine nicht ohne das andere geht. Nach dem einen Schritt kommt der nächste und wieder der nächste. Einmal links und einmal rechts. Dieses Gehen gründet sich auf die Gewissheit, dass beide Dimensionen für ein gelingendes Leben unentbehrlich sind.

Das Gleichgewicht geht verloren, wenn man Erfahrungen einseitig beurteilt. Abgehoben in eine spirituelle Welt entflieht oder alles nur vom Materiellen aus bewertet. Es ist wichtig, beide Seiten zuzulassen.

Dieses Modell hat mich sehr angesprochen, weil es beiden Beinen Wichtigkeit verleiht. Das eine kann, wie beim Gehen, nicht ohne das andere bestehen.

Das Lied der Söhne Mannheims: > *Volle Kraft voraus* < enthält eine Textzeile, die mich in diesem Zusammenhang sehr anspricht: „Du wurdest darauf angesetzt, den Himmel um die Erde zu erweitern."

Aus heutiger Sicht erkenne ich, dass es genau darum geht. Im Gehen, Schritt für Schritt, geschieht Erweiterung in beiden Dimensionen. Mir ist aufgefallen, dass Bewertung passiert, wenn der Bewegungsfluss gestört wird. Am besten geht es, wenn das Voranschreiten im Vertrauen passiert und beides sein darf.

Alles was wir im Sichtbaren tun, hat eine Auswirkung auf die unsichtbare Welt und genauso umgekehrt. Es vollzieht sich eine Wechselwirkung die an den Spruch von Rilke erinnert. „Wir leben das Leben in wachsenden Ringen die sich um die Dinge ziehen."

Wir durchleben wohl immer wieder dasselbe. Wenn wir es zulassen, erweitert sich der Horizont.

Von innen nach außen und von außen nach innen

Und legt alle eure Sorgen bei ihm ab, denn er sorgt für euch.
1.Petrus 5,7 NGÜ

Von Ungeduld getrieben und von Bewertung gesteuert. Lebensmomente neben der Spur des Friedens. Entgleist, unruhig, ratlos.

Das „Außen", das Leid dieser Welt, hat mich im „Inneren" aus der Bahn geworfen. Ich stehe an. In diesen Zuständen Gott zu finden, ist eine Herausforderung. „Er" ist zwar da, aber es erreicht mich nicht. Er klopft an, aber die Tür lässt sich nicht öffnen. In diese Unruhe hinein spricht eine Freundin Worte der Wahrheit.

Sie kennt solche Zustände und ist an ihnen heil geworden. Heil geworden davon, sich von den Umständen nicht hinunterziehen zu lassen. Ihre Ruhe und Gelassenheit erreichen mich. Sie weiß, wovon sie redet.

So gerne würde ich aus diesem Zustand der Unruhe in eine heile Welt flüchten. Aber das geht nicht. Es ist wichtig, im Unheil zu verweilen, damit es heilen kann - Gott es heilen kann. Mein Verstand will sofort heil sein und nur Gutes und Schönes erleben. Die Worte meiner Freundin Johanna tun gut und wirken wie Medizin. Sie hat zwei Sichtweisen für mich.

Von innen nach außen:
„Wenn das Außen in dieser Welt noch so tobt und viel Unverständliches und Verletzendes passiert, habe ich gelernt aus einem inneren Frieden heraus zu leben. Den Frieden von innen nach außen fließen zu lassen. Den inneren Raum zu dehnen, denn das Außen kann ich nicht ändern. Das liegt nicht in meiner Macht. Ich nehme eine Bibelstelle und stelle Gottes Wahrheit in mein inneres Spiegelzimmer."

Dieses Bild ist wunderbar und spornt mich an dies auszuprobieren. Das innere Spiegelzimmer als Vervielfacher von Gottes Wort.

Weiter schildert sie, wenn sie das macht, aus ihrem Inneren tiefes Mitgefühl ohne jede Auflehnung fließt. Die Situation nicht zu bewerten entspannt sie. Gott weiß, was er beabsichtigt. Er sagt zu uns: „Lass dir an meiner Gnade genügen." Nicht mehr ich brauche die Last des anderen zu tragen. Er trägt sie. Ich lerne zu ertragen, dass er sie trägt. Wie befreiend wirken diese Worte!

Von außen nach innen:
All das, was ich im Außen erlebe und mich überfordert, bringe ich vor Gott. Ich stehe dann mit meinen „Packerln" vor ihm und übergebe sie ihm. Das führt mich zum Frieden der dann überfließt. Dazu passt das Bild: Ins Wasser fällt ein Stein.

Wie schön. Ich spüre die Stelle 1.Petrus 5,7: *„Legt alle eure Sorgen bei ihm ab, denn er sorgt für euch."*

Genau das hat er heute getan. Ich habe meine Sorgen vor einer Freundin abgelegt. Sie hat mir geantwortet und mich in meiner Unruhe erreicht. Sie spricht in seinem Sinn die Worte die mich beruhigen und Ordnung in mein Innerstes bringen.

Da ist wieder dieser Friede der meinem Leben Kraft gibt. Für diese heilsamen Momente bin ich dankbar.

Die einarmige Entdeckerin

Heute telefoniere ich mit meiner lieben Freundin Johanna. Der Gedankenaustausch mit ihr ist immer eine Freude, d.h. sehr lebendig und spirituell.

Diesmal hat sie zwei Kraftsätze für mich:

- „Wenn Gott etwas zulässt, dann hat er auch vorgesorgt."
- „Gott braucht Umstände, um uns begegnen zu können."

Diese Sätze erreichen sofort mein Herz. Darin spüre ich Leben und ein „Ich bin geliebt". Spannend ist, wie diese zwei Aussagen in ihrem Alltag lebendig werden.

Sie schildert mir ihre Erfahrung, wie sie in der Straßenbahn stürzt. In dieser unangenehmen Situation helfen ihr einige Menschen, andere bewegen keine Miene. Wie sie nach all dem wieder zu Atem findet, kommt ihr ein Satz in den Sinn: „Wenn Gott etwas zulässt, dann hat er auch vorgesorgt."

Im ersten Moment scheint mit ihrem Körper alles in Ordnung zu sein, jedoch werden über den Tag leichte Schmerzen an der Schulter spürbar. Ein Besuch im Röntgen offenbart, dass ein Teil des Knochens abgebrochen ist. Ein ganz lieber Arzt rät ihr von einer Operation ab. Stattdessen verordnet er mithilfe eines Verbandes vier Wochen Ruhigstellung.

Da es die rechte Schulter betrifft und sie eine Rechtshänderin ist, glaubt sie, Unterstützung von der „Volkshilfe" zu benötigen. Es kommt aber anders. Sie kann trotz des Verbandes die rechte Hand bewegen. Verschmitzt sagt sie zu mir: „Wenn´s notwendig war, bin ich herausgeschlüpft." Somit war kein Hausbesuch von der Volkshilfe nötig.

„Mir wurde in Form von liebevoller Fürsorge geholfen. Dies bedeutet, ich konnte mich selbst versorgen, ging einarmig einkaufen und habe einarmig gekocht. Außerdem hatte ich eine reizende und kompetente Therapeutin und eine Freundin. Beide betreuten mich gut."

Wenn ich auf diese Geschichte zurückblicke, kann ich Folgendes zusammenfassen:

Ich habe zwei Möglichkeiten, auf das zu reagieren, was mir passiert. Entweder kann ich mich auf das ausrichten, was alles nicht funktioniert, oder mich wie ein Kind neugierig überraschen lassen, wie Gott sein Versprechen einhält und mich versorgt.

Meine Freundin bestätigt, dass mit dieser Entscheidung eine Entdeckungsreise begonnen hat. „Denn ohne diese Umstände hätte ich all diese Erlebnisse nicht gehabt. Ich bekam Ideen, wie ich trotzdem kochen kann. Der Herr war sehr aktiv in meinen Gedanken. Jammern hatte keinen Platz: Warum, wieso ist das alles passiert... Das negative Denken fiel weg, weil ich mich schon vorher etwas anderem zugewandt hatte. Ich durfte wie ein Kind lernen und neue Erfahrungen machen. Denn einarmig war ich in meinem Leben noch nie. Somit wurde ich mit 80 Jahren die einarmige Entdeckerin“, erzählt sie ganz fröhlich.

Mir wird an all dem bewusst, dass Umstände Leben ermöglichen und neue Erfahrungen schaffen. Es finden neue Begegnungen statt, die zur Heilung zusammenwirken. Denn mit allem, was wir erleben, haben wir die Chance, unsere Einstellung zu optimieren.

Ich bin berührt und dankbar für diese wohltuenden und ermutigenden Erkenntnisse.

Sich Gottes Gegenwart bewusst machen

Herr, du hast mein Herz geprüft und weißt alles über mich. Wenn ich sitze oder wenn ich aufstehe, du weißt es. Du kennst alle meine Gedanken. Wenn ich gehe oder wenn ich ausruhe, du siehst es und bist mit allem, was ich tue, vertraut. Und du, Herr, weißt, was ich sagen möchte, noch bevor ich es ausspreche. Du bist vor mir und hinter mir und legst deine schützende Hand auf mich. Dieses Wissen ist zu wunderbar für mich, zu groß, als dass ich es begreifen könnte!

Psalm 139, 1 – 6. NL

Ein Gespräch mit meiner Freundin Johanna, führt mich auch heute wieder in tiefe Gedankenwelten. Diesmal ist sie von viel Not und Krankheit in ihrer Familie umgeben. Ihr Bruder ist schwer an Krebs erkrankt, und ihr Neffe hat Leukämie. Wenn sie mir das erzählt, wird es mir schwer ums Herz.

Aber es tut gut zu hören, wie sie mit diesem Leid umgeht.

Sie ist da für ihre Lieben und besucht sie, so oft sie kann. Bei dem, was sie erzählt, spüre ich, dass sie in dieser aussichtslos scheinenden Lage einen ganz wichtigen Halt hat.

Sie sagt, wichtig ist, präsent zu sein und mitzuempfinden, dabei aber sein eigenes Leben nicht aufzugeben, um nicht auszubrennen.

Das bedeutet für sie konkret, innerlich einen Schritt zurückzugehen und über Bibelverse zu meditieren. Ganz wichtig ist dabei, dass das ein Vers ist, der mit der aktuellen Situation übereinstimmt.

Ihr Herz wird aktuell von Psalm 139 angesprochen. Das bedeutet, dass sie sich den Text laut und langsam vorliest. Dabei spürt sie, wie sie in das Gebet gezogen wird und sich das Gebet gleichzeitig in die aktuellen Umstände einfügt. Was dabei geschieht, ist, dass die Textstelle in alles hineinwirkt und Gottes Gegenwart im „Jetzt" genauso, wie es beschrieben wird, spürbar wird.

In der Wahrnehmung des „Nicht allein sein und sich beschützt wissen" wird sie ganz ruhig.

Dies bedeutet für sie, in der Vorhersorge Gottes leben zu lernen. Die Lage ist unverändert, jedoch weiß er Bescheid: er ist damit vertraut und traut es ihr zu.

In anderen Worten ausgedrückt, stellt sie die aktuelle Situation auf das göttliche Fundament und geht innerlich in Beobachtung. Sie hat die Tür in seine Dimension geöffnet, und sein Licht erhellt nun die Umstände.

Er ist da, und sie vertraut seiner Führung. Dankbarkeit durchflutet ihr Herz bei diesen Erkenntnissen. Er wird allen Beteiligten helfen.

Ich kann nur staunen und bin fasziniert von ihrer Ruhe und dem Vertrauen, das sie trägt.

Erweiternde Blickwinkel

Ich hebe meine Augen auf zu den Bergen.
Woher kommt mir Hilfe?
Meine Hilfe kommt vom HERRN, der Himmel und
Erde gemacht hat.
Er wird deinen Fuß nicht gleiten lassen, und
der dich behütet, schläft nicht. Siehe, der
Hüter Israels schläft noch schlummert nicht.
Psalm 121, 1-4

Ich telefonierte wieder mit meiner lieben Freundin Johanna. Das neue Jahr hatte soeben begonnen, und ich wollte hören, wie es ihr geht. Sie erzählte mir, dass sie beim Jahresabschlussputz gestürzt ist, sich die Kniescheibe gebrochen hat und heute, drei Tage später, mit einer Schiene im Bett liegt.

Trotz allem klingt sie frohgemut und schildert mir das, was sich seither zugetragen hat.

Sie sagte einmal vor langer Zeit zu mir: „Wenn Gott etwas zulässt, dann hat er es auch vorbereitet." Genau diese Tatsache bestätigt sich wieder in der aktuellen Geschichte.

Mir fällt auf, dass sie bei ihrer Schilderung beide Seiten der Geschichte beleuchtet.

> Leider ist sie ausgerutscht und gestürzt, Gott hat sie nicht vor dem Sturz bewahrt, aber sie hatte einen Stuhl in der Nähe stehen und konnte mit dessen Hilfe wieder aufstehen.
> Sie musste fünf Stunden im Unfallkrankenhaus warten, aber da waren sehr liebe Menschen, die sie unterstützten.
> Es blieb ihr nichts anders übrig, als liegen zu müssen, aber sie ist für diese Auszeit, in der sie zur Ruhe kommt, dankbar.

Einen Rollator und ein Pflegebett hat sie sich schon besorgt, und all das ist ihr jetzt dienlich.

Ich staune über diese geniale und bewusste Lebenshaltung, die ich nur sehr selten bei Menschen im Alter von 80 Jahren finde.

Sie beschreibt ihre Lage mit folgendem Bild:

Es ist so, wie wenn ein kleines Rinnsal durch das Geröll seinen Weg nach unten ins Tal findet.

Johanna meint dazu: „Zwischendurch hatte ich den Eindruck, als ich auf dem Boden lag und zum Herrn den Psalm 121 schrie: *„Ich hebe meine Augen auf zu den Bergen. Woher kommt mir Hilfe? Meine Hilfe kommt vom Herrn, der Himmel und Erde gemacht hat. Er wird deinen Fuß nicht gleiten lassen, und der dich behütet, schläft nicht."*

Er ließ meinen Fuß gleiten, aber er half mir, aufzustehen und all die wichtigen Schritte trotz Einschränkungen zu gehen.

Um jetzt wieder zu ihrem Bild zu wechseln: Das Rinnsal hat durch viel Geröll seinen Weg gefunden. Es war nicht einfach, aber sie durfte daran wachsen und hat wieder erleben dürfen, wie Gott ihr beisteht.

Lachend sagt Johanna zu mir: „Für mich ist es immer ein Abenteuer zu sehen, wie Gott in dem, was geschieht, der Mittelpunkt ist. Ich lasse mich jedes Mal aufs Neue überraschen, was er alles vorbereitet hat und wie sich all das Aussichtslose in etwas Schönes und Erweiterndes verwandelt."

Wenn sich der Blickwinkel ändert

Alle eure Sorgen werft auf ihn,
denn er sorgt für euch.
1.Petrus 5,7

Hab keine Angst. Ich bin da und helfe dir.
Jesaja 41,13b HFA

Von Johanna lerne ich viel. So darf ich erkennen, wie eine Situation in meinem Leben, zwei Sichtweisen enthüllt. Beides ist gleichzeitig da.

- Schöne Bibelworte, die in schweren Situationen sehr weit weg scheinen.
- Sorgen drohen zu erdrücken.
- Ängste lähmen.
- Stunden in dieser Starre vergehen.
- Die Kräfte reichen nicht mehr.
    - Die Kontrolle loslassen befreit.
    - Annehmen was kommt belebt.
    - Selbstfürsorge zulassen entspannt.
    - Sich Gutes tun hilft.
    - Fürsorge von anderen annehmen richtet auf.
    - Essen stärkt.
    - Freundschaft ermutigt.
    - Nachbarschaft tut gut.
    - In der Schwäche gestärkt.
    - Eine online Nachricht unterstützt.
    - Gebete tragen.
    - Ich bin nicht alleine.

Wenn ich all das so ausformuliere sehe ich, was ich alles nicht sehe, wenn ich im Schmerz und in der Angst stecken bleibe. Den Blickwinkel zu wechseln hilft weiterzudenken und genauer hinzusehen. Das wahrzunehmen, was neben dem Schmerzvollen noch da ist, tut gut.

Ich bin nicht allein. Ich muss nicht verzagen. Ich bin getragen. In diese Geborgenheit lasse ich mich hineinfallen und komme zur Ruhe.

Am Abend blicke ich auf diesen Tag zurück und formuliere meine Worte des Dankes. Ich beginne zu staunen, als mir auffällt, dass ich in meiner Grenzerfahrung 12 wunderbare Geschenke des Erkennens erhalten habe.

Nahrung die sättigt

Er aber antwortete und sprach: Es steht geschrieben (5. Mose 8,3): »Der Mensch lebt nicht vom Brot allein, sondern von einem jeden Wort, das aus dem Mund Gottes geht.

Matthäus 4,4

Sehr berührt bin ich, nachdem ich nach langer Zeit wieder mit Johanna telefoniert habe.

Ihr Blick auf das Leben fasziniert mich. Da sie schon vieles durchlebt, durchlitten und überwunden hat, hat sie auch dieses Mal sehr treffende Worte für mich.

Sie nimmt das Leben als Lernaufgabe wahr. Dies klingt bei ihr nicht schwermütig, sondern jedes Mal neugierig und wissbegierig. Sobald sich ein Problem bzw. eine Herausforderung zeigt, trainiert sie sich darin, ihre Aufmerksamkeit auf das zu lenken, was sie nährt. Das bedeutet, sie sucht sich einen Vers aus der Bibel, der in die aktuelle Krise passt und ihr Mut zuspricht.

Ich schildere ihr meine aktuelle Not. Denn auch ich muss gerade etwas durchleben und durchleiden. Bei diesem schmerzlichen Prozess gelingt es mir noch nicht so gut, auf das Nährende zu blicken. Mich überwältigen Tränen und die Stimmung ist gedrückt. Am liebsten würde ich von all dem, was schmerzt flüchten, aber das geht nicht.

Einerseits soll der Schmerz betrauert werden und andererseits soll das Leben in den anderen Bereichen bewältigt werden. Aber wie schaffe ich das?

Die meisten Ratschläge die ich bekomme, berühren nur die eine oder andere Seite. Nämlich trauern oder sich ablenken und trotzdem fröhlich sein. Oder sich die Freude von Gott schenken lassen, aber wie geht das? Muss ich dazu schizophren werden??

Manche Freunde haben auch sehr wohltuende und ehrliche Worte für mich, so auch Johanna. Was sie sagt, hat viel Gewicht, weil sie solche Abschnitte bewusst durchgegangen ist.

Sie lässt sich auf mich ein und der Satz der mich anspricht ist folgender: „Zu dem Schmerz kommt etwas dazu."

Das ist meine Antwort, beides ist nebeneinander da. Absolut passend und ich spüre, wie sich etwas in mir erweitert. Ja, genau so spürt sich das auch bei mir an. Ich trauere und gleichzeitig schiebt sich so etwas wie Trost, oder Freude oder eine Erkenntnis darüber. Beides ist zur selben Zeit da und ich spüre, wie ich wieder langsam hochgezogen werde und meine Stimmung sich bessert.

Meine Aufmerksamkeit auf etwas zu lenken, was mich nährt, war in meinem Fall ein kurzes Gebet: „Herr, hilf mir."

Mit dem lauten Flehen um Hilfe und stillem Vertrauen wuchs eine Stärke in mir heran, die mich tatsächlich nährte und kreativ werden ließ. Es war erstaunlich, aber in dem Schmerz war es mir möglich Spruchkarten zu gestalten und ich hatte den Eindruck, ich werde geführt. Gleichzeitig trat der Schmerz zurück und die Freude wuchs heran und wurde immer stärker. An diesem Abend fand ich zur folgenden Bibelstelle: *„In Stille sein und Vertrauen ist eure Stärke."* (Jesaja 30,15b)

Tief bewegt gestaltete ich eine Weihnachtskarte mit diesem Vers.

Das Gespräch mit Johanna hat sehr viel angeregt und mir wurden wieder viele Zusammenhänge klarer.

Wie schön und beruhigend, dieser Austausch nachwirkt...

… wenn das Außen laut ist …

Denn Gott hat uns nicht gegeben den Geist der Furcht, sondern der Kraft und der Liebe und der Besonnenheit.
2.Timotheus 1,7

Außergewöhnliche Lebensumstände erfordern außergewöhnliche Maßnahmen.

Unser Land ist seit kurzem in einer komplett neuartigen Zeit angekommen. Mittlerweile hält ein kleines Virus nicht nur das kleine Österreich, sondern die ganze Welt in Atem. Die Menschen leben seither auf Abstand und möglichst zurückgezogen in ihren Wohnstätten. Das öffentliche Leben ist auf ein Minimum heruntergefahren. Der Staat Österreich läuft im Notbetrieb. Seit dem 2. Weltkrieg gab es keine so furchtbare Krise mehr. Nichts ist mehr so, wie es einmal war.

Viele erleben diesen Ausnahmezustand als seltsam, surreal und außergewöhnlich. Andere erleben diese Zeit als etwas Besonderes. Die Adjektive sind vielschichtig, so wie die Menschen selbst.

Jeder begegnet dieser neuartigen Situation mit seiner persönlichen Lebensgeschichte und erfährt sie dementsprechend positiv oder negativ, mit großen Ängsten oder im Vertrauen. Für viele ist alles nur furchtbar, doch andere entdecken darin die Chance, sich weiterzuentwickeln und an dieser Krise zu wachsen.

Ich möchte nun schildern, wie ich mich in all dem erlebe.

Vor zwei Wochen war ich noch in der Arbeit. Doch dann wurde ich wegen meiner Asthma-Vorerkrankung freigestellt und zwar auf unbestimmte Zeit.

Das war einerseits „wow“, ein neues Lebensgefühl, ein Geschenk mit ganz viel Freizeit, und andererseits waren da die Medien, die fast stündlich Neuigkeiten verbreiteten, die einen den Atem stocken ließen.

Da war die Rede von einer sich immer mehr entwickelnden Pandemie und dass man in Zukunft niemanden mehr treffen und nur mehr in großem Abstand anderen Menschen begegnen darf.

Ein Virus übernimmt immer mehr die Macht, und der Mensch gerät immer mehr außer Kontrolle.

Ich höre all das mit Furcht und merke, wie mich diese Entwicklungen von meinen regelmäßigen Gesprächen mit Gott entfernen. Ich komme nicht mehr zur Ruhe, sondern rotiere um diese ständig schlimmer werdenden Neuigkeiten.

Ich lasse keine Nachrichtensendung mehr aus und habe das Gefühl, von all dem irre zu werden. Nichts ist mehr so, wie es einmal war.

Doch dann erreicht mich ein innerer Impuls, und es gestaltet sich in Gedanken eine Bibelstelle und nimmt immer mehr Form an.

Mir wird klar, dass diese Furcht und Unruhe nicht von Gott kommen. Gott hat mir den Geist der Kraft, der Liebe und Besonnenheit geschenkt.

Mit dieser Erkenntnis habe ich das Gefühl, dass sich etwas neu ordnet. Da öffnet sich ein Weg. Dieses Bewusstsein ist von Gott, und seine Botschaft ist, mich nicht von der Furcht gefangen nehmen zu lassen.

Ich entschließe mich, seiner Kraft, Liebe und Besonnenheit Raum zu geben.

Ab nun höre ich weniger Nachrichten, intensiviere meine Gesprächszeit mit ihm und gehe regelmäßig in die Natur.

Der Effekt ist, dass seine Zusage Macht gewinnt. Das Außen drehe ich leiser und das Innenleben lauter.

Ich bin neugierig, wie die nächsten Schritte meines Weges mit diesem neuen Bewusstsein sein werden.

Vielfältig sind die Geschenke der Corona-Zeit

Deshalb sollt ihr einander Mut machen und einer den anderen stärken, wie ihr es auch schon tut.
Thessalonicher 5,11 NL

Und ob ich schon wanderte im finsteren Tal, fürchte ich kein Unglück; denn du bist bei mir, dein Stecken und Stab trösten mich.
Psalm 23,4

Fast zwei Jahre sind vergangen und Corona ist noch immer Thema. Unermüdlich berichten die Medien davon und die Wellen der Angst und sämtlicher Virusvarianten umspülen den Planeten.

Zwischenzeitlich habe ich mich darin trainiert, meinem Vorsatz: „mit Gott zu reden und mich in der Natur zu bewegen“, treu zu bleiben. Rückblickend erkenne ich, wie ich durch diesen Lebensstil gestärkt wurde.

Überdies erlebte ich, wie diese außergewöhnliche Zeit, die ein Auseinanderrücken propagierte, ein Zusammenrücken auslöste.

Sorgen und Eindrücke wurden vermehrt geteilt, und durch das Gespräch entstand Trost und Ermutigung, so wie es die zwei oben angeführten Bibelstellen ausdrücken.

Meine Tiroler Freundin hatte die Sorge, dass sie finanziell nicht über die Runden kommen werde. Sie machte dann ihre Buchhaltung und war ganz fasziniert, dass es sich trotzdem ausgeht und Online-Nachhilfe genauso gut funktioniert wie der Hausbesuch. Sie hatte es nicht zu hoffen gewagt, aber es hat sich alles ergeben, und sie ist jetzt finanziell genauso gut abgesichert wie ohne Krise.

Meine Wiener Freundin hat auch eine wunderschöne Erfahrung gemacht. Sie ist schon seit vielen Jahren arbeitslos, und es war für sie unmöglich, eine Anstellung zu finden. Das Einzige, was sie hin und wieder unternahm, war, in einer Bäckerei auszuhelfen. Leider immer nur für ein paar Stunden.

Seit Corona ist alles anders. Die Bäckerei geriet in Personalnot. Aufgrund dieser Tatsache arbeitet meine Freundin jetzt in dieser Bäckerei an drei Tagen für jeweils drei Stunden. Sie ist sehr froh und dankbar für diese Möglichkeit. Denn nichts ist schlimmer, als tagein, tagaus mit diesen Ausgangsbeschränkungen konfrontiert zu sein. So hat sie eine Aufgabe, und das hebt ihre Stimmung.

Diese Zeit hat auch mich wieder kreativ werden lassen. Essen für Nachbarn zu kochen, bereitet viel Freude. Bekocht zu werden ebenfalls. Viel Schönes durfte ich bei meinen bewegten Zeiten in der Natur erfahren. Besonders eindrücklich wurde eine Walkingrunde im Winter. Zu erleben, wie sich weiße Hügeln, in ein Winterwonderland verwandelten war ein besonderes Erlebnis. Dazu musste ich nur fünfzehn Minuten bergauf gehen. Dann zeigten sich schon die weiß überzogenen Bäume, zart angezogen mit Raureif. Je höher ich stieg, desto dicker und intensiver wurde die Eisschicht. Das Eiskleid der Bäume zeigte sich in einer Pracht, wie ich sie noch nie gesehen hatte. Ich tauchte in einen Winter-Zauberwald ein, der mich sehr faszinierte. Worte fehlen, um diese Pracht zu beschreiben. Beglückung erfüllte mich, und ich dankte Gott dafür.

Bei all dem hatte ich den Eindruck, dass mich Gott kennt und weiß, was mir gefällt.

Zusammengefasst nehme ich in der C-Krise eine Vertiefung in den Bereichen: Verbundenheit, Führung und Schönheit wahr.

Dankbar bin ich dafür, all das erkennen zu dürfen.

Tief in mir verläuft eine Goldader

Tief in dir verläuft eine Goldader, die darauf wartet, entdeckt zu werden.
Aus einem Andachtsbuch von Sarah Young

Während meiner stillen Zeit fiel mir heute dieser Satz auf und lässt mich seither nicht mehr los. Diese Zeile in der Tagesandacht war eigentlich für gestern, den 20.Februar gedacht. Wenn ich heute darüber nachdenke, passt dieser Satz punktgenau zu dem, was ich gestern durchlebt habe. Somit kann ich heute innerlich jubeln.

Seit fünf Tagen steht es fest: Ich bin Covid positiv. Das bedeutet: Ich muss mich zehn Tage lang absondern und brav daheimbleiben. Wenn ich früher an so etwas dachte, zehn Tage Quarantäne, das kann nur ein Albtraum sein. Wie soll man das schaffen? Jetzt war es so weit. Ich war damit konfrontiert und durchlebte bereits Tag 5.

Da mein Covid-Verlauf mild ist, fühlte ich mich nur zwei Tage lang ein bisschen krank, aber seit Tag 4 bin ich ziemlich fit.

Da es normalerweise zu meinem Leben gehört, vier- bis fünfmal pro Woche durch die Natur zu walken, ist dies eine völlig neue Situation.

Meinen letzten Zimmerarrest hatte ich in den 70ern bei einem Kinderferienlager. Auch an eine Ausgangssperre im Internat kann ich mich erinnern, die zwei Wochen andauerte. Dabei durfte ich aber auf dem ganzen Campus herumlaufen, nur nicht das Gelände verlassen.

Nun stehe ich diesbezüglich vor meiner größten Herausforderung. Die Tage verliefen aber bis zum fünften Tag erstaunlich gut, und ich genoss unzählige Anrufe, sodass ich sie gar nicht mehr alle entgegennehmen konnte. Zu viel Telefonieren macht leider Kopfweh.

Gestern besuchte mich Rotkäppchen und brachte mir ein liebevoll hergerichtetes Körbchen mit lauter Leckerbissen. So eine kreative Idee meiner Freundin ist eine Freude. Was sollte da noch schiefgehen? Ich bin offensichtlich quarantänefit.

Gestern Abend war es aber dann so weit: Ich kam in Quarantäne-Not. Ich spürte, dass mein Körper Bewegung brauchte. Aber wie? Normalerweise würde ich jetzt walken gehen. An Einschlafen war in so einem Zustand gar nicht zu denken, denn die Beine zappelten herum. Also stand ich auf und begann, langsam durch die Wohnung zu laufen. Innerlich spürte ich mich gleichzeitig aggressiv und resigniert.

Ich schrie zu Gott um Hilfe. Er hatte diese Situation zugelassen, aber auch gesagt, dass er bei uns ist. Aber wie sah jetzt seine Hilfe aus? Während ich in der Wohnung kleine Kreise lief, kam ich immer wieder bei der Stereoanlage vorbei. Mein nächster Impuls war, Musik aufzulegen und mir altbekannte christliche Gospels anzuhören. Diese vertrauten Klänge waren für mich eine wahre Freude, und ich sang sofort mit: „Side by side we stand waiting God's command worshipping the saving King... meet me in Heaven, we'll join hands together, we'll sing songs together. Brothers and Sisters, I'll be there..."

Zu laufen und mitzusingen tat mir unwahrscheinlich gut. Gleichzeitig flossen Tränen, denn ich erinnerte mich an die Zeit, als wir noch gemeinsam sangen. Damals war das normal, heute ist es mit Corona wohl ein schweres Vergehen.

Während ich so lief und zu allen möglichen Liedern sang, ging es mir immer besser. Ich hatte den Eindruck, ich lief der Finsternis, die nach mir griff, davon und dabei direkt in die liebenden Hände meines Vaters. Sein Licht umhüllte mich, und ich fühlte mich wieder wohl.

Heute lese ich diesen schönen Satz: *„Tief in dir verläuft eine Goldader, die darauf wartet, entdeckt zu werden."* Wenn ich weiterlese, wird dieser Gedanke noch verdeutlicht: *„Gott lebt in mir, und darin liegt meine Hoffnung. Ich werde an seiner Herrlichkeit teilhaben."*

Genau das erlebte ich gestern. Er war da und hat mich in seine Herrlichkeit zurückbegleitet.

Das Leben nach der Quarantäne beginnt wieder

Ich sage dir: Sei stark und mutig! Hab keine Angst und verzweifle nicht.
Denn ich, der Herr, dein Gott, bin bei dir, wohin du auch gehst.
Josua 1,9 NL

Heute ist Tag eins meiner wiedergewonnenen Freiheit.

Zehn Tage Quarantäne liegen hinter mir, und ich kann sagen: Mir geht es wunderbar. Ich habe die weltweit gefürchtete Covid–Infektion mit einem leichten Verlauf gut überstanden.

Heute war ich schon auf meinem Haushügel und bestieg den Husarentempel im Süden von Wien. Das bedeutet: Ich ging 30 Minuten lang steil bergauf. Dabei fiel mir auf, dass ich diese Steigung erstaunlich locker bewältigte. Ich machte nur eine kleine Trinkpause. Die Sorge, die vor einem Jahr noch im Raum stand, Covid und meine Asthma-Vorerkrankung könnten gefährlich für meine Lunge werden, war damit zerschlagen.

Meine Lunge war so fit, wie schon lange nicht mehr.

Ich wanderte meine vertrauten Wege und spürte, wie sich nicht nur die Lunge, sondern der ganze Körper wohlfühlte.

Mein kleines Sportprogramm während der Quarantänezeit tat mir gut und hielt meinen Körper gut in Form.

Wenn ich mit der wiedergewonnenen Freiheit auf diese Tage der Quarantäne zurückblicke, spüre ich Dankbarkeit für diese einzigartige Erfahrung. Ich hatte nur einen wirklichen Tiefpunkt, der sich durch meine intensive Auseinandersetzung in einen Höhepunkt verwandelte. Ich durfte erkennen, dass tief in mir eine Goldader verläuft und ich damit in Kontakt treten kann. Gott begegnete mir dabei auf ganz außergewöhnliche Weise. Ich konnte eindrücklich erleben, dass ich nicht alleine war und er mir beistand. Es war ein sehr besonderes Erlebnis, von den negativen Gedanken loszukommen und wieder in die Freude zu gelangen.

Diese positive und freudige innere Haltung ließ mich in diesen Tagen dann nicht mehr los.

Es gelang mir, die Tage abwechslungsreich zu gestalten. Telefonieren, zoomen und chatten. Es war erstaunlich, wie viele liebe Menschen für mich da waren. Lesen, schreiben, putzen und für das leibliche Wohl sorgen. Die Serie Crown auf Netflix gönnte ich mir auch fast täglich und der Bergdoktor schaute mittwochs vorbei. Bewegungseinheiten absolvierte ich an fünf Tagen.

Außerdem stand mir meine kleine, pelzige Begleiterin namens Gipsy bei. Diese süße Katze brachte mich zum Lachen und umgarnte mich mit ihrem Charme. Sie täglich zu genießen und zu knuddeln tat unwahrscheinlich gut. Covid konnte ihr, Gott sei Dank, nichts anhaben. Sie war ein paar Wochen vor meiner Diagnose durch eine schwere Krankheit gegangen. Eine chronische Darmerkrankung hatte sie fast sterben lassen. Aber dank der guten medizinischen Versorgung und ihrem Überlebenswillen startete sie neu durch und bekam anschließend gleich einen Sonderauftrag: nämlich meine persönliche Covid-Quarantäne-Betreuung. Sie meisterte diesen Auftrag vorbildlich und hielt mich wunderbar bei Laune.

Ich bin dankbar für diese besondere Erfahrung, die mich wieder innerlich hat wachsen lassen.

Das größte Geschenk aber war, Gottes Beistand in all dem zu erleben. Er begleitete mich mithilfe vieler zuverlässiger Freunde und Freundinnen. Mein treues Kätzchen und die positive, freudige innere Haltung hielten mich im Gleichgewicht.

10 Tage Wüste und 10 Tage Quarantäne prägen

Auf dem Rücken der Pferde liegt
das Glück der Erde.
Auf dem Rücken der Kamele
das Glück der Seele.

Diesen Spruch erzählten wir uns, als wir vor mittlerweile 20 Jahren durch den tunesischen Teil der Sahara ritten. Wir waren eine Gruppe von zirka 20 Leuten. Von Ende Oktober bis Anfang November waren wir unterwegs und verbrachten jeweils zwei Tage davor und danach in einem Hotel mit wunderbaren Zimmern, einem riesigen Buffet und einem herrlichen Pool.

Im Hotel war noch die Zeit für Luxus und Vergnügen, dann standen Verzicht und Einschränkung an der Tagesordnung. In der Vorbereitungszeit besprachen wir, was die Wüste wohl mit uns machen würde. Sie würde uns schöner machen, sagten einige.

Kurze Zeit später war es dann so weit. Wir rückten mit drei Geländewagen aus und wurden zum Startpunkt der Tour gebracht. Die Kamele oder besser Dromedare erwarteten uns. Die Tuaregs waren auch schon hier.

Nun durchlebten wir zehn Tage auf den Dromedaren und zogen als Karawane durch die Wüste. Eine eindrucksvolle Zeit begann. Anfangs war das Sitzen auf „Machmut“, so hieß mein Dromedar, noch sehr ungemütlich, denn ich wurde von Durchfällen geplagt. Das Essen im Hotel hatte mir nicht gutgetan. Das in Kombi mit Dromedar und Karawane zu erleben, war nicht gerade ein freudiges Ereignis. Aber die Zeit der Erschwernisse steigerte sich noch, denn ich bekam Fieber. Dies wurde naturmedizinisch mit Kartoffelwickeln um die Stirn erfolgreich behandelt. Zwei Tage später war ich wieder fit und saß wieder ganz entspannt auf Machmut.

Zweimal übernachtete ich im Zelt und acht Nächte unter freiem Himmel und das bei wunderschönem Vollmond. Es war genial zu beobachten, wenn die Sonne im Westen unter- und der riesige, runde Mond genau ihr gegenüber aufging. Ein Naturschauspiel der Extraklasse.

Tagsüber zog unsere kleine Karawane durch die Wüste. Mittags ruhten wir im Schatten. Die Tuaregs bereiteten für uns einen kleinen Imbiss zu. Abends zum Sonnenuntergang suchten wir uns einen Lagerplatz und genossen es zusammen zu sitzen, zu essen und fröhlich zu sein. Manchmal tanzten wir rund ums Lagerfeuer. Das war dann eine ganz besonders schöne Atmosphäre.

Unser Geschirr wuschen wir mit dem Wüstensand und die Körperpflege bewältigte ich mit Feuchttüchern. Der Sand auf der Haut wirkte wie reinigendes Peeling.

Tagsüber begleiteten uns unzählige Fliegen und die Sonne war erbarmungslos. Das Wohlbefinden wurde ziemlich strapaziert und an die Grenze gebracht. In dieser außergewöhnlichen Erfahrung als Gruppe war es auffällig, wie sich diese spaltete.

Auf der einen Seite standen die, welche die Situation annehmen konnten wie sie war, denn es war nicht wirklich alles angenehm.

Auf der anderen Seite befand sich jener Teil der Gruppe, der immer unzufriedener wurde und mit der Mangelsituation so gar nicht zurechtkam. Dieser Teil der Gruppe verließ uns am sechsten Tag und wanderte früher ins Hotel zurück.

Die Abenteurerin in mir dachte aber nicht ans Aufgeben. Ich hielt durch. Belohnt wurden wir zum Ende hin mit einem Wasserloch das wir genießen durften. Ich erwartete kühles, wunderbares Wasser, wie man es in den Bergen kennt. Es stellte sich heraus, dass es eine heiße Quelle war. Zu viert badeten wir im warmen Wasserbecken und waren ganz glücklich über dieses Erlebnis der besonderen Art.

Am vorletzten Tag begegneten uns dann andere Menschen. Diese badeten in diesen Heißwasserbecken mit Shampoo. Ich empfand das als sehr befremdlich.

Die Stunden in der unberührten Natur waren gezählt. Der Tag kam, an dem wir wieder ganz anderen Menschen begegneten. Wir erreichten eine Oase mit Häusern, Geschäften und Straßen. Das erste Auto kam uns entgegen und ich spürte, wie mich das sehr unangenehm berührte. Ich war so zur Ruhe gekommen und hatte mich so intensiv auf die Natur eingelassen, dass ich zu weinen begann.

Nach der Stille und Unberührtheit erfasste uns die ganz normale Welt wieder. Da ich die Ruhe - Schwingung noch so sehr spürte, überrollte mich das ganz normale Leben wie ein kleiner Gefühls-Tsunami. Ich brauchte Zeit, dies zu verarbeiten.

In den folgenden zwei Tagen im Hotel bekam ich diese Zeit, die ich so sehr brauchte. Das Nachwirken tat unwahrscheinlich gut. Nach zehn Tagen wieder zu duschen ebenso.

Rückblickend wurde klar: Die Wüste hatte die einen neu geprägt, die anderen aber auch.

Die Idee, von meiner Wüstenzeit zu berichten, kam mir am Abend meines ersten Arbeitstages nach der zehntägigen Quarantäne.

Irgendwie entdeckte ich da spannende Parallelen. Auffällig war, dass es sich dabei auch um zehn Tage handelte.

Nach dieser Zeit war es schön, wieder hinausgehen zu dürfen, das erste Geschäft zu betreten und sich das zu kaufen, was einem gefällt. Aber ich spürte da wieder diese altbekannte Hektik. An der Kassa war ich gleich viel zu langsam und löste einen kleinen Stau aus. Die wuselige Straße, der Lärm – alles war nervig. Ich war ziemlich entwöhnt von all dem.

Dann wanderte ich in die Arbeit. 40 Minuten eine Strecke. Dies tat wieder gut und entspannte mich.

In der Arbeit angekommen, wurde ich freudig und lieb begrüßt und wieder liebevoll vom Team aufgenommen. Ich fühlte mich sehr willkommen. Als ich dann mitbekam, welche Themen mittlerweile einen Kleinkrieg ausgelöst hatten und liebe Menschen plötzlich zu harten Richtern mutiert waren, wünschte ich mich in meine kleine Quarantänehöhle zurück. Das Impfthema hatte auch unsere kleine Praxis gespalten.

Unser Team hielt aber zusammen, und das begeisterte mich in all dem Wahnsinn, der gerade im Kleinen wie im Großen auf dieser Welt passiert.

Am Ende meiner sechsstündigen Kurzarbeit wanderte ich wieder nach Hause. Diesen Tag nachwirken zu lassen, zeigte mir, wie auslaugend dieser Ausflug in die ganz normale Welt war. Die

Stimmungen und Gefühle, die ich aufnahm, musste ich jetzt wieder dringend abschütteln und beruhigen.

Nach der Erfahrung in der Wüste habe ich geweint. Nach der heutigen Erfahrung war ich aufgewühlt und beunruhigt. Tränen hatten gar keinen Platz, aber eigentlich würden sie sehr gut dazu passen.

Damals gab es zwei Gruppen und aktuell gibt es sie auch. Mir fällt auf: Ich war bei all dem niemals alleine und spürte damals wie heute, dass ich mit anderen Menschen Zusammenhalt und Geborgenheit erleben durfte. Diese gemeinsame Orientierung in einer Gruppe trägt und stärkt. Wenn noch eine innere Ausrichtung auf ein Ruhe-Bild dazukommt, wird jegliche Schattenerfahrung mit Licht durchflutet. Ich liebe es, mit Psalm 23 den Versen 1 bis 3 zur Ruhe zu kommen.

„Der Herr ist mein Hirte, mir wird nichts mangeln. Er weidet mich auf einer grünen Aue und führt mich zum frischen Wasser.
Er erquickt meine Seele."

„Auf dem Rücken der Kamele liegt das Glück der Seele" haben wir uns damals zugesprochen. Im Psalmwort ist da ein Hirte, der sich um meine Seele sorgt. Wie schön ist all das!

Der Hirte führt uns, und wir als seine Herde dürfen uns untereinander Gutes tun, mit ihm ausruhen und auch wieder Kraft tanken. Diese Gedanken stärken mich, wenn ich heute wieder meine Tour in die Welt der Röntgen-Praxis mache.

Die Kunst, das rechte Maß zu finden

Gesund lebt ein Mensch, wenn er der Ordnung gemäß lebt. Wenn er seine Lebenskultur aufbaut, die ihm guttut und seine Fähigkeiten und Kräfte zur Blüte bringt.

Die Kunst, das rechte Maß zu finden S.58

Das Buch zu diesem für mich anziehenden Thema hat Anselm Grün geschrieben. Er beschreibt darin in eindrucksvoller Weise, wie zahlreich doch die Dinge sind, derer wir *nicht* bedürfen. Diese Gegenbotschaft in diese Zeit hinein zu schreiben, empfinde ich als mutig und sehr anregend.

Da mich diese Inhalte fesselten und faszinierten, kam mir die Idee, eine kleine Zusammenfassung der wichtigsten Inhalte niederzuschreiben. Quasi die Essenz, die mich so tief berührte hochzuhalten. Denn wie zahlreich sind die Angebote der Welt, derer wir nicht bedürfen und die dazu führen, aus der Mitte *verrückt* zu werden! Mir ist es ein Anliegen, darauf hinzuweisen, dies achtsam zu beobachten und zu erkennen, wie es wieder gelingt, in die eigene Mitte zurückzufinden. Denn verrückte Zeiten erfordern zurechtrückende Gegenmaßnahmen.

Um diese Kunst für das rechte Maß zu finden, ist es notwendig, still zu werden und in sich hineinzuhören um die Weisheit der eigenen Seele wahrzunehmen.

Anselm Grün schreibt in seinem Vorwort, wie heilsam es sich auf das eigene Leben auswirkt, wenn man das rechte Maß für sich erkennt und die richtigen Maßstäbe für das eigene Denken und Tun anlegt. Mit dem rechten Maß hat man einen inneren Ratgeber, einen inneren Arzt in sich, der dafür sorgt, dass man ein angemessenes Leben führt. Diese innere Weisheit hilft mit, dass das Leben gelingt.

Wer in seinem guten Maß lebt, der hat auch Muße und erlaubt es sich zur Ruhe zu kommen. Mit der Muße gönnt er sich das, was er braucht, und kann wieder Kraft tanken.

Sogar die Mönche machen sich diese Erkenntnis zu Nutze. Der hl. Benedikt hat für seine Mönche vor 1500 Jahren eine Regel aufgestellt. Die Tugend der weisen Mäßigung befähigt zu einem gesunden und wertvollen Leben. Durch Maßhalten gewinnt eine Sache Wert.

Im Gegensatz zu diesem Denken steht nun die Welt mit ihren Genüssen. Hier wird man mit einer unglaublichen Maßlosigkeit konfrontiert. Wir leben in einem „Zu viel von allem“. Zu viel Arbeit, zu viele Termine, zu viele Verantwortlichkeiten, zu viel Konsum...

Sogar ein einfacher Einkauf kann einen damit erschlagen. Diese Maßlosigkeit fordert heraus und führt an persönliche Grenzen.

Ist es nicht so, dass all das im Grunde unzufrieden macht? Dass der Kern der Unzufriedenheit das Leiden am Zuviel ist?

Ist nicht vielmehr die Grundvoraussetzung für ein gutes Leben, das eigene Maß zu finden? Den Auftrag zu leben, dieser Mensch zu werden, als den Gott mich gedacht hat?

Beim Prozess meiner eigenen Menschwerdung finde ich mich selbst und nehme mein Leben in die Hand. Ich probiere mich aus und finde heraus, welches Maß zu meinem Wesen passt und mir behagt.

Bei diesem guten Umgang mit mir selbst entstehen automatisch gute Gedanken, die sich auf mein Sprechen und Tun auswirken. Es kommt Ordnung hinein.

Von all dem profitieren die Beziehungen und das ganze Leben.

Mit dem Gespür für mein eigenes Maß kann ich auch auf die Erwartungen der anderen angemessen reagieren. Dabei wird es möglich, den anderen so zu lieben, wie es ihm guttut und ihm gerecht wird.

Abschließen möchte ich mit diesem Gedanken:

Sich treu und dankbar dafür zu sein was man ist und was man hat. Mit dieser Haltung wird der innere Friede gefördert und schafft die Voraussetzung dafür, nicht mehr maßlos werden zu wollen.

Gemeinsam auftanken

Der HERR ist mein Hirte, mir wird nichts mangeln. Er weidet mich auf einer grünen Aue und führt mich zum frischen Wasser. Er erquickt meine Seele. Er führt mich auf rechter Straße um seines Namens willen. Und ob ich schon wanderte im finsteren Tal, fürchte ich kein Unglück; denn du bist bei mir, dein Stecken und Stab trösten mich.

Psalm 23,1-4

Nachdem ich die Zusammenfassung des Buches über das rechte Maß fertig geschrieben hatte, traf ich meine liebe Freundin Claudia. Sie kam zum Essen, zum Genießen und Auftanken.

So eine Begegnung tut uns beiden immer gut, weil sie vollkommen stressfrei abläuft. Jeder darf sein, wie er ist, und es entsteht, was entsteht.

Ich berichte von meinen aktuellen Erkenntnissen über das rechte Maß, wie wichtig es ist und wie gut es tut, sein ureigenstes Wesen zu begreifen und zu leben. Denn mit dieser Erweiterung wird man automatisch authentisch und muss nicht mehr allem, was einen antreibt, folgen. Man darf bei sich ankommen und aus einer Ruhe leben. Diese Ruhe wird einem geschenkt, wenn man es bei sich selbst aushält. Wenn man gerne mit sich selbst sein kann und nicht nur das Schwere im eigenen Leben sieht, sondern auch das Schöne und Heilige. Das von Gott Durchflutete.

Claudia geht gedanklich gut mit mir mit und lässt sich ein. Ihre aktuellen Erfahrungen passen dazu, und sie berichtet, wie sehr ihr Gottes Gegenwart in den letzten Wochen abhandengekommen sei. Sie ging durch finstere Täler der Enttäuschung und der Ernüchterung. Sie hatte sich vieles in ihrem Leben schöner geredet, als es tatsächlich war. Nun ist sie an einem Punkt angekommen, wo es nicht mehr möglich ist, das Gelebte schönzureden. Übrig bleibt eine ernüchternde und traurige Weltsicht.

Mit unserem Austausch begann sich jedoch langsam die Perspektive zu verändern. Hoffnung blitzte auf, und Claudia schilderte Erlebtes aus dieser neuen Sichtweise. Während des Gesprächs fiel ihr auf, dass schon längst eine Verwandlung stattgefunden hatte. Ihre Art, das darzustellen, was andere von ihr wollten, war nicht mehr gefragt. Ohne darauf zu achten, hatte sie schon damit begonnen, das Neue auszudrücken. In ihr wirkte bereits eine verändernde Kraft, die ihr ureigenstes Wesen verkörperte. Ganz authentisch. Spannend war, dass ihr Umfeld damit gut umgehen konnte und die neue Claudia angenommen wurde, weil sie echt war. Somit wurde sichtbar, dass ihre aktuelle Arbeitsstelle dazu passte und sie sogar in ihrer Veränderung förderte.

Fasziniert besprachen wir diese Beobachtungen. Dazu tranken wir Kaffee und genossen ein Stück Topfenstrudel. Um in das Bibelbild von Psalm 23 einzutauchen, wanderten wir gerade über eine grüne Aue und kamen zum frischen Wasser.

Das Leben könnte man sich ja wie eine Bergwanderung vorstellen. Wir durchwandern viele Abschnitte. Einmal ist es finster und steil und dann wieder ganz entspannt mit viel Genuss und Freude. Einen dieser Abschnitte gemeinsam zu gehen, erweitert das Sichtfeld, ermutigt und ist wohltuend.

Am nächsten Tag berichtete mir Claudia: „Ich bin noch immer sehr bewegt von unserem gestrigen Gespräch und der Erkenntnis darüber, was Gott schon alles mit mir und durch mich umändert. Ich spüre langsam wieder Freude. In meinem Tagebuch habe ich auch nachgelesen und nun ist doch ein roter Faden sichtbar, der vorher wie verschwunden schien. Der rote Faden belebt mich sehr und erfüllt mich mit Dankbarkeit."

Claudias Resümee: „Gott sorgt sich um uns, deshalb sollen wir uns nicht sorgen."

Wenn ich über das nachdenke, passt dieser Gedanke sehr gut zum 1. Vers des Psalms von David. *„Der Herr ist mein Hirte, mir wird nichts mangeln..."* In diesem Bild kann ich ruhen, und diese Ruhe bewegt mich innerlich, und ich tanke auf.

Der Marsch um Jericho

Da sagte der Herr zu Josua: „Ich habe Jericho, seinen König und dessen starke Krieger in deine Hand gegeben. Dein Heer soll die Stadt einmal am Tag umrunden. Das soll sechs Tage lang geschehen. Dabei sollen sieben Priester vor der Lade hergehen, und jeder von ihnen soll ein Widderhorn tragen. Am siebenten Tag sollt ihr die Stadt siebenmal umrunden, und die Priester sollen in die Hörner stoßen. Wenn ihr hört, dass die Priester ihre Hörner blasen, soll das ganze Volk lautes Kriegsgeschrei anstimmen. Daraufhin werden die Stadtmauern zusammenbrechen, und das Volk kann geradewegs in die Stadt eindringen."
Die Priester bliesen die Hörner. Als die Israeliten das hörten, schrien sie, so laut sie konnten. Da stürzten die Mauern Jerichos zusammen, und die Israeliten drangen geradewegs in die Stadt ein und eroberten sie.

Josua 6,2-5.20 NL

Diese Bibelgeschichte kenne ich seit meiner Kindheit. Eine Armee, die insgesamt dreizehn Mal um eine Stadt zieht, weil sie von Gott dazu den Auftrag bekommen hat. Laut meinen Informationen war Jericho von einer 1,80 Meter dicken und 15 Meter hohen Mauer umgeben.

Eine Festung stand einem Volk gegenüber, das 40 Jahre lang durch die Wüste gezogen war. Nun hatte Gott den Auftrag für sie, dass sie mit einer Vertrauensübung die Stadt einnehmen sollten: *„Eure ganze Armee soll sechs Tage lang je einmal die Stadt umkreisen und am siebenten Tag sollt ihr siebenmal um die Stadt ziehen."*

Menschlich gedacht, könnte man sagen: Was soll das? Ein Rammbock oder mithilfe von unterirdischen Gängen in die Stadt einzudringen, wäre doch viel sinnvoller. Stattdessen befahl ihnen Gott, die Stadt zu umkreisen und zum Abschluss zu schreien und die Hörner zu blasen.

Wenn man sich in diese seltsame Geschichte hineindenkt und sich vorstellt, an diesem Marsch teilzunehmen, wird da sicher ein Gefühl von bizarr, kurios oder verrückt nicht ausbleiben. Die Bewertungen der Teilnehmer wären sicher sehr ausdrucksstark, um diese Situation lächerlich zu machen.

Jedoch wird uns berichtet, dass sich das Volk Israel, mit Josua an der Spitze, darauf eingelassen hat.

Wenn man sich dafür entscheidet, Gott zu vertrauen, sieht dieselbe Situation plötzlich nicht mehr so lächerlich aus. Ich stelle mir vor, dass die Soldaten anfangs unsicher waren, aber die Größe der Gruppe machte es sicher leichter voranzuschreiten. Überdies veränderten sich bei jeder Umrundung die Zuversicht und das Vertrauen. Das gemeinsame Gehen spornte sicher an. Sie hatten die Zusage und den Auftrag Gottes als Motor ihres Tuns. Nun war nur ihr Glaube daran erforderlich.

Am siebenten Tag starteten sie wahrscheinlich schon vor Sonnenaufgang ihre erste Runde. Mit jeder Umrundung kamen sie dem Ziel näher wo Gott seine Macht zeigen würde. Bei der siebenten Runde stießen die Priester in ihre Hörner und schrien gleichzeitig ganz laut los. Gott löste sein Versprechen ein, und die Mauern stürzten in sich zusammen. Die Israeliten konnten die Stadt einnehmen. Der erste Erfahrungsschritt zur Einnahme des verheißenen Landes war getan.

Diese Geschichte zeigt mir ganz deutlich, dass Gott Wort hält.

Seine Verheißungen gelten. Mich ermutigt das konkret, mein persönliches Jericho in meinem Leben zu entdecken. Damit werde ich herausgefordert, zuversichtlich meine aktuellen Verheißungen zu umrunden und das im Gebet.

Für die Israeliten leitete die Eroberung von Jericho eine neue Zeit ein. Genau das kann es auch für uns bedeuten.

Wichtig wird sein, dass wir wissen, was wir umkreisen.

Dazu passt die Geschichte, in der Jesus einem Blinden begegnet. Darüber wird uns in Markus 10,51 berichtet, dass Jesus den Blinden fragte: *„Was soll ich für dich tun?“*

Genau diese Frage stellt er auch uns.

Mit unserer Antwort und der dazu passenden Verheißung kann das *„Kreisbeten“* beginnen. Gottes Wunder werden sich zeigen. Das persönliche verheißene Land zu betreten bedeutet, mit mutigen und konkreten Gebeten voranzuschreiten. Die Israeliten haben es uns vorgelebt.

Quellenangabe: Mit meinen Worten habe ich das beschrieben, was ich im Buch: „Kreiszieher“ von Mark Batterson entdeckt habe. Kühn beten und Wunder erleben.

Von allen Seiten bedrängt

„Was soll ich für dich tun?", fragte Jesus.
Markus 10,51a HFA

Dieser Titel drückt das aus, was Martina in ihrer aktuellen Lebenslage erlebte. *„Von allen Seiten bedrängt".*

Dazu die Frage von Jesus: *„Was soll ich für dich tun?"*

Da Martina mit ihrer Situation überfordert war, besuchte sie mich. Wir hatten vor darüber zu sprechen und genauer hinzusehen, was sich hinter all dem verbirgt.

Ein wertvolles psychologisches Instrument für Aufdeckungsarbeit ist die Aufstellung mit dem Systembrett. Eine sehr kreative Methode die spielerisch zu Lösungen und erweiternden Sichtweisen führt. Meine Aufgabe besteht dabei darin Fragen zu stellen, damit Neues wahrgenommen werden kann.

Martina ließ sich sehr ehrlich und echt darauf ein.

Darin, wie sie Symbole und Figuren auf das Brett stellte, zeigte sich ganz deutlich das aktuelle Problem. Außerdem offenbarte sich, dass sich das System der Herkunftsfamilie im aktuellen Leben wiederholte. Deswegen war sie an einer sehr anstrengenden Pattstellung angekommen.

Sie fühlte sich damals wie heute von Mächten umringt, die ihre Kräfte überforderten. In all dem fehlte ihr jegliche Freiheit in ihrem Sein. Damals war es ihre Familie. In ihrem aktuellen System sind es das Arbeitsmarktservice (AMS), Versicherungen und Ämter. Diese unterlegene Position laugt sie aus und raubt ihr jegliche Lebensfreude. Sie hat aufgegeben und schildert verzweifelt ihre Lage.

Sie bei dieser Aufstellungsarbeit zu begleiten, fordert mich heraus und spornt mich gleichzeitig an, gemeinsam mit ihr neue Sichtweisen zu entdecken. Im Psalm 37 finden wir eine Perspektive, die ihr Leben einhaucht. *„Verlass dich auf den Herrn..."* ist die zentrale Botschaft dieses Psalms. Es ist doch nicht alles aussichtslos.

Außerdem erzähle ich ihr von der Idee des „Kreiszieher"-Gebets. Auch diese Form des konkreten Gesprächs mit Gott spricht sie an, und es kommt ein Strahlen in ihr Gesicht.

Mit diesen Impulsen kehrte sie abends wieder in ihren Alltag zurück.

Eine Woche später telefoniere ich mit Martina, und sie hat Erstaunliches zu berichten. Sie erzählt von einer christlichen Sendung: „Die berichteten, dass Gott unsere Grenzen schützt. Auch die seelischen. Diese Aussage hat mir sehr gutgetan und passt zu dem, was wir besprochen haben."

Ganz begeistert fährt sie fort, dass sie bereits bei drei Gelegenheiten ihre Probleme im Gebet umkreist hat.

Mit folgenden Ergebnissen:

- Der Termin beim AMS, den sie so gefürchtet hatte, ist ganz friedlich verlaufen. Eine reizende Dame schrieb einen schönen Bericht und darin wird klar, dass man auf ihre chronische Erkrankung Rücksicht nehmen soll.
- Ein weiterer AMS-Termin per Telefon stand wie eine große Bedrohung vor ihr. „Am Abend davor habe ich dieses Anliegen wieder ganz speziell im Gebet umkreist. Ich habe Gott meine Ängste erzählt und dass sie mir wieder mit allem drohen könnten. „Wenn Sie nicht ... dann ...". Ich halte diese Übergriffe nicht mehr aus. Ich habe Gott ganz konkret gebeten meine persönlichen Grenzen zu schützen." Am nächsten Tag kam der Anruf vom AMS. Martina erkannte die Dame an deren Stimme. Sie war üblicherweise unfreundlich, aber diesmal heiter und unkompliziert. Sie solle ihren Antrag auf Berufsunfähigkeit stellen. Sie wünschte ihr alles Gute. „Das war das Harmloseste, was ich beim AMS je erlebt habe."
- In diesem Fall ging es um die Auszahlung der Mindestsicherung. Das Geld stand ihr zu, aber aufgrund von vielen Anträgen war das Amt nicht rechtzeitig mit allem fertig geworden. Martina war aber schon in finanziellen Nöten. Auch bei diesem Thema legte sie ihre Anliegen Gott vor: „Herr, schau auf die Situation, ich habe alles getan."

Sie erzählte mir, dass am nächsten Tag, bevor sie einkaufen ging, das Geld auf dem Konto war.

Was sie getan hatte, war, die Anliegen im Gebet zu umkreisen, ihre Themen konkret auszuformulieren und zu glauben, dass er es tun wird.

Sie hatte auf die Frage Jesu: *„Was soll ich für dich tun?“* geantwortet.

Überwinden von Grenzen

Wie deine Tage, so deine Kraft!
5.Mose 33,25b ELB

Grenzen sind in unser aller Leben gegenwärtig, und jeder Mensch empfindet andere Situationen als grenzwertig.

Als Kind wurde ich damit konfrontiert, an meine Grenzen zu stoßen. Das geschah ganz konkret bei einer Theatervorführung.

Ich hatte als Regen-Tröpfchen meinen Text vergessen. Damit stand ich im Rampenlicht und war blockiert. Die Tante sagte mir zwar den Text ein, aber ich war nicht fähig ihn nachzusprechen. Ein Black-Out. Das Publikum flößte mir Angst ein und diese Angst wurde im Laufe meines Lebens immer wieder genährt. Sie zog sich durch die Schulzeit und auch bei meinen Berufsausbildungen war ich damit konfrontiert. Die Angst schüchterte mich ein und eine Mauer umstellte mich. Ich war von einer Grenze umringt, die mich jedes Mal, wenn ich sie überwand, mit unangenehmsten Körperwahrnehmungen begleitete.

Die Aussage: *„Wie deine Tage, so deine Kraft"* schien für mich zu diesem Zeitpunkt ohne Sinn zu sein.

Vor vielen Jahren besuchte ich ein Lebensberaterseminar. Es blieb mir so deutlich in Erinnerung, weil mir zur Mitte des Seminars ganz klar bewusst wurde; ich hatte mich bis zur Hälfte des Kurses noch nicht zu Wort gemeldet. Ich merkte, wenn das so bliebe, etwas von mir verloren ginge, denn in Wirklichkeit bin ich ein sehr offener Mensch.

Also sagte ich dem Vortragenden: „Ich möchte meine Ängste überwinden und mich zu Wort melden." Er meinte, er wolle mir helfen. Zu diesem Zweck erzählte er die Geschichte von Elia, der nach dem Sieg über die Baals - Priester erschöpft in eine Höhle flüchtete. Darin verborgen war er mit seinen Ängsten konfrontiert. Es fiel ihm schwer, wieder vor die Höhle zu treten. Durch die Begegnung mit dem Gott, der ihn wahrnahm, fand er zu neuen Kräften und war imstande, aus der Höhle zu treten und seine Grenze zu überwinden. (zu finden in 1.Könige 18 + 19)

Beim Erzählen dieser Geschichte spürte ich, wie neue Kräfte in mir anklopften. Ich fühlte mich einerseits wahrgenommen, weil diese Geschichte für *mich* vorgelesen wurde und andererseits tauchte Mut auf. Aufgeregt sehnte ich das Ende der Geschichte herbei. Es war die Stelle, an der Elia die Höhle verließ. In dem Moment zeigte ich auf und gestand, dass ich genau jetzt auch meine Angsthöhle verlasse, indem ich mich vor der ganzen Gruppe zu Wort melde. Was ich dafür bekam, war ein begeisterter Applaus. Sichtlich freuten sich die anderen Kursteilnehmer über meinen kleinen Sieg. Durch diese mutige Aktion wurde die zweite Hälfte des Seminars für mich ganz neu und lebendig.

Diese Einleitung machte schon einen Teilsieg sichtbar.

Schrittweise lernte ich immer mehr zu überwinden.

Meine persönliche Höchstleistung beim Überwinden war mein Auftritt bei einem Frauenfrühstück in Purkersdorf. Da war ich dazu eingeladen meinen Lebensbericht vor 160 Frauen zu erzählen. Der Tag begann mit viel Gebet, und die Stärkung kam mit dem Satz: *„So wie deine Tage wird auch deine Kraft sein."* Genial, punktgenau stand diese Aussage für diesen Tag, in meinem Andachtsbuch. Diese Zusage war genau das, was ich jetzt brauchte. Gestärkt fuhr ich zum Veranstaltungsort.

Die Stunde vor dem Auftritt war von Wellen der Angst gezeichnet. Als es dann so weit war, war ich erstaunlich ruhig und gelassen. Mit dem einen oder anderen Witzchen erzählte ich 15 Minuten lang von meinem Leben.

Als ich die Bühne wieder verließ, wurde mir ganz leicht ums Herz. Ich hatte es geschafft und die Kräfte, die ich für diesen Auftritt brauchte, wurden mir tatsächlich geschenkt. Mit Freundinnen feierte ich anschließend meinen Sieg.

Zum Leben ermutigt

So ermutigt und tröstet einander, wie ihr es ja auch bisher getan habt.
1.Thessalonicher 5,11. HFA

Ich lernte im Sommer 1985 in Rust am Neusiedlersee den 17-jährigen Peter aus Deutschland kennen. Ich war damals 15 Jahre alt und mit meinen Eltern auf Urlaub. Er war auch mit seinen Eltern unterwegs.

Wie ich meinen Tagebuchaufzeichnungen entnehme, verbrachten wir zwei Tage zusammen mit Boot fahren, schwimmen und dem Spiel „Schiffchen versenken". Anschließend waren wir einige Jahre lang Brieffreunde. Dann brach jedoch der Kontakt viele Jahre lang ab. Wenn ich heute auf diese zwei Tage zurückblicke, bin ich fasziniert. Sie sind der Auslöser für all das, was ich noch beschreiben werde.

Im März 2014 fand unser Kontakt eine Fortsetzung. Da flatterte ein Lebenszeichen aus Deutschland in meinen E-Mail-Account: „Hallo, Frau Hruby, oder ich sag mal vorsichtig Sigrid. Ich weiß nicht ob ich die richtige Frau Hruby erwischt habe, allerdings ist es einen Versuch wert." Es war Peter! Er hatte aus einer Laune heraus meinen Namen im Internet eingegeben und war fündig geworden. Er hat somit meine Mailadresse ausgegraben und mir kurz entschlossen geschrieben. Und das nach fast 30 Jahren, sehr spannend!

Seitdem sind wir wieder in Kontakt und schreiben uns regelmäßig Mails. Über die Zeit stellte sich heraus, dass Peter zu einem zuverlässigen Begleiter geworden ist.

Er ließ sich auf meine Welt ein und besorgte sich sogar mein erstes Buch. Seine Mails und Nachrichten machen mir regelmäßig Mut und unterstützen mich auf meinem Weg.

Im Dezember 2016 schrieb er:

„Auch ich habe mir dein Buch besorgt. Ich musste doch sehen, was daraus geworden ist. Ich finde es toll. Ich weiß nicht, wie ich es ausdrücken soll, aber ich versuche es: Ich bin kein wirklich gläubiger Mensch und habe oft meine eigenen Ansichten zu manchen Dingen. Ich habe mir aber jeden Tag eine deiner Geschichten vorgenommen und bin jetzt beim zweiten Durchgang. Ich werde es wohl öfter lesen müssen, aber es ist schön, am Morgen so etwas zu haben."

Oktober 2017: „Ich mag dein Buch. Es hat immer sehr gute Gedanken für den Tag. Eine Seite zu jedem Tag. Bin schon einige Male durch, es ist immer noch schön zu lesen. Ich werde dabei sentimental."

Sogar mein Radiointerview hörte er sich an.

November 2017: „Ich habe mir vor einiger Zeit dein Interview angehört. Abgesehen von dem, was du alles gesagt hast, war es unheimlich spannend, nach so langer Zeit deine Stimme zu hören. Zu dieser Entwicklung möchte ich dir auch nochmals extra gratulieren. Finde es toll für dich, dass es so läuft. Das entschädigt für die Mühen!"

Meine Rede, die ich vor 160 Frauen hielt, musste ich für ihn aufnehmen lassen. Diese tolle Rückmeldung hatte er anschließend für mich.

„Ich habe gestern Abend deine Rede angehört. Super!!!!

Ich fand es total spannend, von deinem Leben zu erfahren und auch deine Stimme zu hören. Schön, dass es ein Erfolg geworden ist und du dich sicher gegen Ende des Vortrags besser gefühlt hast als am Anfang. Eigentlich bist du ein Paradiesvogel, der mit vielen anderen Vögeln (Freunden) gesegnet durch sein Leben fliegt. Wie schon öfter erwähnt: Mein Leben ist anders und für deines wäre ich vermutlich zu feige gewesen. Aber es ist, wie es ist, und das ist gut so."

Kürzlich schickte ich ihm aktuelle Leseproben. Auch da versuchte er sich einzulassen und hatte würzige Kommentare für mich.

„Erst einmal vielen Dank, dass du mich an deinem neuen Buch im Vorfeld schon teilhaben lässt. Ich finde diese beiden Leseproben einfach nur wunderschön und aus dem Leben gegriffen. Ich habe jetzt diese beiden Texte, ich weiß nicht wie oft, gelesen und finde mich jeden Tag aufs Neue darin.

Das erste Buch war für mein Empfinden sehr eng an Gleichnissen und Texten aus der Bibel geschrieben. Diese Texte gehen jetzt irgendwie weiter aus dir heraus in dein Umfeld. Sie klingen für mich, als ob du dich freier, offener und noch zufriedener mit deinem Leben fühlst. Nutze du deine Zeit und schreib weiter deine Geschichten! Ich freue mich jedes Mal, wenn ich wieder teilhaben darf. Ich freue mich auf *„Vom Leben bewegt"*!

Wenn ich all seine wertschätzenden Kommentare so gesammelt vor mir sehe, bekomme ich das Bild von einem Ermutiger, der mich bei meinem *Lebens-Lauf* von der Zuschauertribüne aus anfeuert und anspornt, weiter dran zu bleiben. Wenn ich jetzt so auf mein Leben schaue, hat sich der Kreis meiner Ermutiger um ein Vielfaches vermehrt. Dies zu sehen und wahrzunehmen, tut gut und spornt mich an, entspannt weiterzulaufen, denn ich bin nicht alleine.

Der Herr hat es eilig, mir zu helfen

Eile, mir beizustehen, HERR, meine Hilfe!
Psalm 38,22

Mein nächster Spezialfreund oder besser gesagt Wahl-Papa ist der mittlerweile 82-jährige Horst. Kennengelernt habe ich ihn durch meinen Vater. Wie es dazu kam, möchte ich hier schildern.

Horst war schon jahrelang ein Freund meines Vaters. Er half ihm bei seiner Übersiedlung in die Steiermark zum wunderschönen Grundlsee. Außerdem unternahmen sie sehr viel miteinander, weshalb wir uns öfter sahen und näher kennenlernten.

Leider führten uns dann unangenehme Umstände zusammen. Aus dem Nichts bekam ich eine Horrornachricht: Mein Vater hatte einen Schlaganfall erlitten und war plötzlich ein schwerer Pflegefall.

Völlig geschockt und überfordert versuchte ich mich in der neuen Lebenslage zurechtzufinden.

Unter diesen furchtbaren Umständen bot mir Horst seine Hilfe an, und es zeigte sich, dass er ein ganz besonderer Mensch war. Genau maßgeschneidert für meine Situation. Seine Qualitäten passten genau zu meinen Nöten. Es war für mich ein Wunder, so schnell Hilfe zu bekommen.

Er war zur Stelle, wenn ich meinen Vater im Krankenhaus besuchte und ich Unterstützung brauchte das Haus meines Vaters für den Verkauf leerzuräumen.

All das war mit sehr viel Zeit und Arbeit verbunden. Aber Horst unterstützte mich mit all seiner Kraft und Hingabe. Ich staunte über diesen tollen Einsatz und war dankbar, dass er mir so schnell geschenkt wurde.

Wenn ich heute auf all das zurückblicke, erinnere ich mich an den Satz meiner Freundin Johanna: „Wenn Gott etwas zulässt, dann hat er auch vorgesorgt."

Jetzt kam ich in die Situation das zu erleben. Ich stelle fest, es stimmt. Gott hat vorgesorgt und das ganz einzigartig. Ich durfte einem Engel in Menschengestalt begegnen.

Die Krankheit meines Vaters nahm leider einen sehr schweren Verlauf und bei den oftmaligen gemeinsamen Besuchen im Krankenhaus und dann im Pflegeheim wurde sichtbar, dass sich der Gesundheitszustand meines Vaters nicht mehr verbessern würde.

Was mir als Geschenk nach all den Strapazen blieb, ist ein väterlicher Freund, der sich in seine Rolle als Wahl-Papa ausgezeichnet einlebte.

Da er sehr aktiv und sozial ist, ist es ein Leichtes, sich mit ihm spontan etwas auszumachen. Gerne kommt er in meine Gegend, um noch ein „Käffchen", so wie er den Kaffee gerne nennt, vor oder nach meiner Arbeit zu trinken. Manchmal besuche ich ihn und bringe Essen mit. Wir dinieren dann ganz gepflegt bei ihm zu Hause. Anschließend serviert er Kaffee mit ganz viel Stil. Das bedeutet, dass es dem Kaffeehaus gleicht. Kaffee mit einem Kännchen Milch und einem Gläschen Wasser auf einem kleinen silbernen Tablett. Zwei kleine Schokoröllchen verfeinern diese guten Gaben.

Diese Gesten zeigen mir, dass Horst sehr gut mit sich und mit anderen umgeht. Er ist sehr wertschätzend und hat viel Sinn für Humor.

Sein Rat hat Qualität und ermutigt, das Leben ganzheitlich wahrzunehmen. Das Leben hat immer wieder Hürden eingebaut, aber er zeigt vor, dass es sich lohnt, durchzuhalten.

Außerdem ist es wichtig, eine gute Einstellung zu bewahren. Sein Lebensstil ist von ganz viel Vertrauen und sozialem Einsatz getragen. Ich habe den Eindruck, dass viele Menschen seine Engelsqualitäten schätzen und dankbar dafür sind.

Wenn die Versorgung des Herrn fließt

„Aus seinem großen Reichtum wird euch Gott, dem ich gehöre, durch Jesus Christus alles geben, was ihr zum Leben braucht."

Philipper 4,19 HFA

In dieser Geschichte möchte ich ein bisschen von meinem Wahl-Papa Horst erzählen.

Er war verheiratet und ist Vater von 3 Söhnen. Beruflich war er in der Betreuung von hilfsbedürftigen Menschen tätig.

All das ergäbe schon genug Erzählenswertes, doch ich möchte auf einen bestimmten Bereich seines Lebens den Schwerpunkt legen.

Sein Umgang mit Geld und den Menschen zieht mich an und fasziniert mich. Einigen Umständen ist es zu verdanken, dass Horst nur eine kleine Pension hat. Aber das lässt ihn nicht verdrießlich werden. Genau das beeindruckt mich.

Er erzählt frohgemut wie Gott für ihn sorgt. Ich merke wie mich seine Art damit umzugehen innerlich strahlen lässt und mich gleichzeitig ermutigt. Es ist erstaunlich zu hören, aus wie vielen Quellen er versorgt wird und wie ihm das Geld zufließt.

Da er trotz Pension aktiv ist, haben einige Menschen noch immer die Freude, von ihm betreut zu werden:

einer Rollstuhlfahrerin hilft er an vielen Abenden ins Bett und einer Dame in den 90ern hilft er mit dem Computer zurechtzukommen, um ihre Lebensgeschichte niederzuschreiben.

Dabei wird er immer wieder mit kleineren oder größeren Geldbeträgen beschenkt. Er hat da gar nicht so den Überblick. Sein trockener Kommentar dazu: „Was kommt, merk´ ich" erheitert mich.

Es ist erstaunlich, dass er immer genau dann, wenn er vorhat eine Gruppe von Menschen zu sich einzuladen, wieder mit einer größeren Summe beschenkt wird. Er hat es sich zur Gewohnheit gemacht, nach dem Gottesdienst die Alleinstehenden aus der Kirche bei sich einzuladen und zu bekochen. Mit dem geschenkten Geld ist es dann ganz leicht, den Einkauf für die Einladung zu bewältigen.

Einmal kam es sogar vor, dass er zum Jahresende hin schon komplett – wie er es nennt – „pleite" war. Es war nicht mehr möglich, die Zahlungen zu bewältigen. Sorgen machte er sich aber trotzdem nicht. Stattdessen war da ein inneres Drängen, die Mails zu checken. Darin stand, dass er eine größere Summe von seinem Sohn als Geschenk überwiesen bekam. Dieser Betrag kam genau zur rechten Zeit und half ihm weiter.

Ich staune über die Lockerheit, mit der er all das erzählt und wie gut er versorgt wird.

Seine Erfahrungen machen mir Mut und stärken mein Vertrauen.

Da ich aus gesundheitlichen Gründen als Teilzeitkraft arbeite, kann ich auch nicht mit einer hohen Pension rechnen. Aber das macht nichts, denn mein Wahl-Papa lebt mir bereits vor, wie es ist, wenn die Versorgung des Herrn fließt.

Zuversichtlich kann ich mit diesen stärkenden Erfahrungen in die Zukunft blicken.

Im Alleinsein getragen

Wer anderen eine Blume sät, blüht selber auf.

In dieser Geschichte möchte ich von meiner Freundin Grete erzählen. Wir haben uns vor ca. 10 Jahren kennengelernt. Wir waren damals bei denselben Leuten zu Besuch und haben uns sehr schnell sehr gut verstanden.

Sie war zu dieser Zeit noch verheiratet. Leider ließ sich die Ehe nicht länger aufrechterhalten. Eine Scheidung wurde unumgänglich. Mittlerweile lebt Grete allein, und es ist bewundernswert wie gut sie zurechtkommt. Obwohl sie dreimal in der Woche zur Dialyse muss, schafft sie es erstaunlich gut. Das niedrige Einkommen lässt sie auch nicht verzagen.

Auf die Frage wie sie konkret ihre Lage finanziell meistert, antwortet sie ganz klar: „Das Geld von der Versicherung reicht für die Fixkosten und zusätzliche Einnahmen durch kleine Dienstleistungen lassen mich gut leben. Ich erlebe, dass diese kleinen Aufträge, die dieses zusätzliche Geld bringen, zur rechten Zeit kommen. Ich habe gar keine Zeit mir Sorgen zu machen. Mir kommt es dann so vor, als nähme mich das Leben bzw. Gott an der Hand. Ich spüre eine innere Ruhe und Sorgen haben keinen Platz. Gleichzeitig spüre ich, dass durch das, was mir begegnet, Heilung geschieht."

Ich frage sie nach dem Empfinden während der Ehe. Da war es auch nicht immer ganz einfach: „Da hatte ich mehr Existenzängste. Ich hatte das Gefühl, dass ich mich dadurch, dass ich mich auf meinen Mann verlasse, selbst verloren habe. Ich war irgendwie fremdbestimmt und habe meine Identität verloren. Dadurch wurden Ängste geschürt. Jetzt, wo ich alleine bin, finde ich immer mehr in meine Kraft. Ich erlaube mir, ich zu sein. Da ist kein Stress mehr, sondern Ruhe und ich genieße mein Haus, mein Leo. Ich fühle mich alleine wohl."

Mutig erzählt sie von ihren neuen Erfahrungen, und ich spüre eine Zuversicht, die mich bewegt.

Sie berichtet von ihren kleinen Dienstleistungen, diesen Aufträgen, die wie aus dem Nichts in ihre Mangelsituationen kommen.

Sie bekommt Aufträge zur Kinderbetreuung oder hilft beim Essen ausliefern für Bedürftige. Bei der Versorgung von Pflegebedürftigen ist sie auch gerne zur Stelle. Ihre eigene Geschichte hilft mit, Verständnis für die Nöte von anderen zu haben. Ihre Tierliebe bringt ihr auch Jobs bei der Aufsicht von Tieren ein.

Ich staune über diese Vielfalt. All diese kleinen und großen Aufträge zeigen, wie sie von einer Woche auf die nächste aus der Hand Gottes lebt.

Ich bin dankbar, mit Menschen befreundet zu sein, die den Mut haben zu vertrauen und dabei wertvolle Erfahrungen machen.

Ihr Vertrauen stärkt auch meines, und mit Freude schreibe ich nieder wie stark sich Gottes Wirken und seine Grundsätze auf dieser Welt noch immer zeigen. In Apostelgeschichte 20,35 heißt es: *„Denn Geben ist seliger als nehmen."*

Und genau das bringt der Spruch: „Wer anderen eine Blume sät, blüht selber auf" zum Ausdruck.

Wer anderen eine Blume sät, blüht selber auf

Ein fröhliches Herz ist die beste Medizin, ein verzweifelter Geist aber schwächt die Kraft eines Menschen.
Sprüche 17,22 NL

Gestern besuchte ich meine liebe Freundin Grete. Für mich ist sie eine Meisterin darin, das Leben trotz körperlicher Einschränkungen zu genießen. Jedes Mal wenn wir uns sehen strahlt sie und ihr süßer kleiner Hund Snoopy hüpfte freudig um uns herum. Eine Wohltat.

Ihr Haus strahlt so wie sie eine Wärme aus, die die Sinne belebt.

Wenn ich in die Küche gehe, kommt mir ein Wohlgeruch entgegen, denn sie hat die Fähigkeit mit Hingabe die leckersten Gerichte hervorzuzaubern.

Mit ihr gemeinsam zu essen ist auch eine sehr spezielle Freude, denn sie versteht es, das Essen mit Hochgenuss zu verzehren und genau das steckt an.

Mit strahlenden Augen und genussvollen Worten wie „Mmm, ist das gut!" spiegeln wir uns gegenseitig diese wunderbaren Momente.

Wenn ich all das so beschreibe, fällt mir die Bibelstelle im

Prediger 9,7 ein.

„So geh hin und iss dein Brot mit Freuden,
trink deinen Wein mit gutem Mut;
denn dein Tun hat Gott schon längst gefallen."

Ich schildere all das so genau, weil ich fasziniert bin, wie sie trotz ihrer schweren Lebensgeschichte so gut durch die Zeit kommt.

Ihre Lebenssituation ist nicht einfach. Sie muss dreimal in der Woche zur Dialyse.

All das schafft sie aus meiner Perspektive erstaunlich gut. Denn sie ist an dieser herausfordernden Situation nicht bitter geworden. Es gibt ja die Aussage: „Life can make you bitter or better" („Das Leben kann dich bitter oder besser machen"). Ich finde es schön, wie dieses „besser" an ihr sichtbar wird.

Erst kürzlich sagte ich zu ihr: „Du machst für mich die (oben genannte) Bibelstelle lebendig: Ein fröhliches Herz ist die beste Medizin. Denn ich staune darüber, wie positiv und lebensfroh du strahlen kannst. Nicht jammern, sondern das Leben anpacken. Du gestaltest dir dein Zuhause schön und weißt die Geschenke des Lebens zu genießen."

Gestern war Grete wieder im Krankenhaus. Nicht zur Dialyse, sondern zu einer Herzkatheter-Untersuchung. Vor kurzem hatte sie auch eine Schilddrüsen-OP und eine Lipom-OP. Unfassbar, was sie alles durchmacht, aber auch dabei verliert sie nicht den Mut und ihre gute Einstellung.

Heute erzählte sie mir, wie gut wieder alles gelaufen ist. Ich frage sie neugierig: „Wie ist das möglich, dass du all das so gut überstehst und dabei nicht den Mut verlierst?" „Das liegt wohl an meiner Verbindung zu Gott. Ich beschäftige mich mit dem Göttlichen, und das stärkt mich."

Ich bin erstaunt, wie schön sich in ihrem Leben Gottes Gegenwart auswirkt. Denn es gibt genug depressive und schwer kranke Menschen, die auf mich sehr zerbrochen und vom Göttlichen abgeschnitten wirken.

Grete hingegen durchlebt ihren Weg getragen und unterstützt: „Jedes Mal, wenn ich im Krankenhaus bin, baue ich andere im Zimmer auf. Wahrscheinlich werde ich auch für andere geschickt. Ich erzähle ihnen dann, wie toll es war und dass sie gar keine Angst haben müssen."

Ihre entspannte Haltung wirkt sich mit Sicherheit auf ihren Körper aus. Denn dadurch können sich die Blutgefäße und Muskeln entspannen. Angst verkrampft und erschwert die Vorbereitungen für jegliche Untersuchung.

Mit der Unterstützung Gottes bei der Bewältigung all ihrer Lebenssituationen hat Grete viel dazugelernt und erweitert. Durch all das wurde sie schon sehr früh darin trainiert, sich mit den tieferen Fragen des Lebens auseinanderzusetzen.

Sie gehört für mich zu den Menschen, die schon tief verwundet wurden und dadurch ein Potenzial zur Unterstützung für andere haben. Für mich sind das dann diese Engel auf Erden, die die Not der anderen spüren und auf Augenhöhe begleiten können.

Somit ist ihr fröhliches Herz mit allem, was dazugehört, Medizin für sie selbst und auch für andere.

Welche Botschaft verbirgt sich hinter der Krise?

„Wer ein Warum zu leben hat,
erträgt fast jedes Wie."
Viktor Frankl

"Wer ein Warum zum Leben hat, erträgt fast jedes Wie." Dieses Nietzsche-Zitat war der Leitsatz Viktor Frankls (1905 bis 1997), des Begründers der dritten Schule der Psychotherapie.

Meine Freundin Marie liebt diese Lebensweisheit und hat gelernt, sie in einer Lebenskrise anzuwenden.

Ich habe Marie bei einer Bibelrunde vor elf Jahren kennengelernt. Seither sind wir regelmäßig in Kontakt und erzählen uns, was uns im Leben begegnet und wie wir damit umgehen. Sie ist ein sehr zuversichtlicher und zielstrebiger Mensch, der schon viel erreicht hat.

Jedoch wurde sie letztes Jahr durch eine Panikattacke aus ihren gewohnten Bahnen geworfen. Auslöser war eine herausfordernde Arbeits- und Ausbildungssituation, in der etwas aus der Vergangenheit getriggert wurde.

Zudem haben auch die Corona-Pandemie und die damit verbundenen Einschränkungen dazu beigetragen, dass sie des Längeren ihre Familie nicht sehen konnte.

Die Panikattacke drückte sich mit Nacken- bzw. Kopfschmerzen, Herzrasen und Zittern bis zu einem benommenen Zustandsbild aus. Dreimal machte sie solche irritierenden Episoden durch. Jedes Mal wurde sie vom Notfallteam gut betreut und beim dritten Mal auch zusätzlich medikamentös eingestellt. Diese Behandlung und ein sechswöchiger Kuraufenthalt taten ihr gut, halfen aber nur kurzfristig. Leider fehlte die Nachhaltigkeit.

Sie hielt in all dem an der Umsetzung ihrer Pläne fest und startete eine herausfordernde Ausbildung, durch die sie sich eine Entlastung versprach. Ihre gewohnten Lebensmuster setzte sie fort und somit blieben die Anfälle nicht aus.

Sie kam nicht umhin herauszufinden, was ihr diese intensiven Panikattacken zu sagen hatten.

Ihre Auseinandersetzung mit der Thematik löste einen Umdenkprozess aus, der mittlerweile schon fünf Monate andauert. Die Krise wurde zu einem Weg und sie war bereit ihn zu gehen. Das bedeutete, sie wurde vom Dienst freigestellt. Ihre begonnene Ausbildung wurde abgebrochen.

Sie begann vieles zu verändern, Schritt für Schritt. Vorerst verhaltenstherapeutisch im Außen, aber mit der Zeit wirkte sich all das in ihrem Innersten aus. Das zeigte sich darin, dass die Anfälle in den Hintergrund traten.

Konkret sahen ihre Schritte wie folgt aus:

- Sie veränderte durch einen Umzug ihre Umgebung und begann ihr neues Zuhause zu gestalten.
- Sie übte sich darin, gut für sich zu sorgen. Bewegung und Ernährung wurden optimiert. Körperarbeit wurde ins Leben integriert, um den Schmerz, die Tränen und die Spannungen loslassen zu können.
- Manche Sozialkontakte, die sie belasteten, wurden aussortiert.
- Stärkende Gebete wurden gesprochen.
- Sie übte sich täglich darin, ehrlich zu sich und zu anderen zu sein und ihrem Umfeld authentisch zu begegnen. Das bedeutete, es auch zu wagen, einmal um Hilfe zu fragen.
- In all dem brauchte sie sehr viel Geduld mit sich, um behutsam in den neuen Lebensstil hineinzuwachsen.
- Dranbleiben und nicht aufgeben – hinfallen, aufstehen, Krone richten und weitergehen – waren auch stärkende Gedanken, die sie begleiteten.

Heute ist sie für diese Krise dankbar, die sie in ihrem Leben wieder weitergebracht hat: „Ich bin mehr in meinem Sein angekommen. Außerdem stelle ich mir täglich die Frage: Für welche drei Dinge liebe ich mich heute und wofür bin ich dankbar? Diese drei Dinge schreibe ich dann auf und wenn das Jahr fertig ist, habe ich 1095 Antworten", berichtet sie erfreut.

Ihre Wandlung ist beeindruckend. Zum Abschluss habe ich noch eine wichtige Frage an sie:

„Welches „Warum“ hast du zum Leben?“

„Ich lebe für das, was ich mit dem Herzen entdecken kann, wie es auch schon der kleine Prinz (Saint-Exupery) erkannt hat. All das aufzuspüren, macht mich neugierig. Was sich Gott für mich überlegt hat. Diesen einen Auftrag, der nur für mich bestimmt ist und nur von mir erledigt werden kann.“

Das ist die Essenz ihrer Antwort. Schön ist, dass sie ihren Auftrag schon erkennt und zu leben beginnt.

Ihren Heilungsweg mitzuerleben und zu begleiten, ist wunderschön. Die Krise hat sie vieles gelehrt und mit dieser Bewusstseinserweiterung wagt sie es, ihre Komfortzone mutig zu verlassen und ihr Gebiet zu erweitern.

Die hohe Kunst der Beziehung

Warum nur bin ich so traurig?
Warum ist mein Herz so schwer?
Auf Gott will ich hoffen, denn ich weiß:
Ich werde ihm wieder danken.
Er ist mein Gott, er wird mir beistehen!
Psalm 42,12 HFA

Meine Freundin Doris war in Not und ich auch. Die Gründe waren jedoch unterschiedlich: Sie hatte Beziehungsnöte und ich Reisenöte. Meine Reise nach Tirol musste ich aufgrund von einer Reisewarnung absagen. Denn die südafrikanische Mutation des Coronavirus stellt derzeit Tirol und die Politik auf den Kopf.

Schweren Herzens änderte ich meine Reisepläne und veränderte mein Reiseziel. Kurz entschlossen besuchte ich Doris im Waldviertel. Uns erwarteten drei Tage Naturgenuss und gesundes Essen, denn Doris achtet sehr auf ihre Ernährung.

Wir genossen die Zeit miteinander und besprachen unsere Themen. Es stellte sich heraus, dass sie in ihrer Beziehung zu Peter an ihre Grenzen stieß. Ihre Zweisamkeit war fast nur noch von Vorwürfen gekennzeichnet. Das bedeutet, sie taten sich einfach nicht mehr gut. Die Zeit der Begegnung war nicht mehr von Liebe geprägt. Schweren Herzens erzählte sie mir davon.

Ich versuchte, ihr nach meiner Möglichkeit zu helfen. Es gelang uns auch zu beten und diese Not vor den Herrn zu bringen. In dieser inneren Haltung verbrachten wir die uns geschenkte Zeit. Diese Energie tat uns gut. Wenn das Thema Peter und die Schwere, die damit verbunden war wieder hochkamen, wurde dies auch eine Zeit lang besprochen. Dann war es wieder wichtig, „Stopp" zu sagen. Beim Abschied sagte mir Doris, wie gut ihr diese Tage taten und sie sich jetzt stark genug fühle die Beziehung mit Peter neu zu ordnen.

Eine Woche später berichtete sie mir ganz begeistert, wie gut diese Stunden mit Peter waren: „Ich habe diese Jesus-Energie, die wir in den drei Tagen hatten, immer wieder in unser Treffen hereingeholt. Wir konnten uns total liebevoll und wertschätzend begegnen. Einmal kamen wieder Vorwürfe hoch, aber dann habe ich das *„Vater-Unser“* laut zu beten begonnen. Daraufhin wurden wir wieder ruhig und kamen in diesen himmlischen Frieden hinein. Die Liebesenergie kam wieder hervor. All das war so schön zu erleben. Wir haben uns innig umarmt und sind uns liebend begegnet. Das Wunderbare dabei war, dass er sich auf all das eingelassen hat. In dieser Energie wollte Peter Pläne für die Zukunft schmieden, aber ich habe ihm gesagt, dass unser Planungsbüro geschlossen ist. Wir haben Heiliges erlebt, und das Beste wird mit der Hilfe des Herrn geschehen. Lassen wir uns überraschen. Ich bin für diese einzigartige Herzensbegegnung sehr dankbar. So sehr hab' ich mir das gewünscht und hatte keine Ahnung, wie das möglich sein wird. Jetzt habe ich es erlebt, und ich kann nur bestätigen: Jesus hat durch unsere Herzen gewirkt und ist uns dadurch spürbar beigestanden.“

Ich staune über ihre Schilderung und bin tief berührt.

Es ist wunderbar, welche Superkräfte eine Jesus-Zugewandtheit hervorbringt. Diese wertvolle Erfahrung stärkt auch meine Gebete und gibt mir Hoffnung.

Sucht – Flucht

Manchmal stellt sich Gott uns in den Weg,
um uns den Weg zu zeigen.

Vor 19 Jahren lernte ich meinen Pastorenfreund Gerhard in Oberösterreich kennen. Damals lebte ich in seiner Nähe.

Da ich mittlerweile südlich von Wien wohne, pflegen wir unsere Freundschaft immer in Abschnitten, nämlich dann, wenn ich in Oberösterreich meinen Freundeskreis besuche und da gehört er selbstverständlich dazu.

Mit ihm über so manche Themen zu diskutieren, ist immer sehr spannend, da die geistliche Dimension, die mir sehr wichtig ist, einfließt.

Beim letzten Besuch bereitete er sich gerade für eine Rede vor. Er sollte von seiner Befreiung von den Drogen erzählen und wie sich Gott in seinem Leben zu erkennen gab.

Für mich ist es immer eine Freude, solche Erfahrungen, in denen sich Gott zeigt, zu hören. Deshalb befragte ich ihn beim gemeinsamen Frühstück.

Er begann seine Kindheit zu beschreiben. Auffällig war, dass er nicht überbehütet, sondern eher unterbehütet wurde. Seine Großmutter war seine Hauptbezugsperson. Sie legte das Bedürfnis nach einem Gott zu suchen in sein Herz. Das erste Gebet lernte er von ihr: „Mein Herz ist klein, darf niemand hinein, als du, mein liebes Jesulein."

Außergewöhnlich ist, dass sein Leben anders verläuft als bei den meisten Menschen. Sein Bestreben ist nicht: „Schaffe, schaffe Häusle baue", sondern den Sinn des Lebens zu suchen. Der Gedanke: „Wieso soll ich funktionieren, wenn ich nicht weiß, wozu?" prägt seinen Lebensweg.

Die Herrlichkeit der Natur lässt ihn schon als Kind und Jugendlichen immer wieder staunen. Ganz gebannt schreibt er nieder, welches Hochgefühl die Pracht der Natur in ihm auslöst. Man könnte sagen, er schrieb schon als Jugendlicher seinen persönlichen Psalm und pries Gott in dessen Schöpfung.

In seinem Kopf tummelten sich Gedanken wie dieser: „Es muss doch mehr geben als das, was die Gesellschaft mir vorlebt."

Als Jugendlicher ließ er sein Heimatland hinter sich und ging nach Indien, um Antworten zu finden. Seine Sehnsucht trieb ihn an. Er wollte herausfinden, wer Gott ist und wer der ist, der diese schöne Welt erschaffen hat.

Wer ist dieser unbekannte Gott?

Seine Flucht vor der Gesellschaft in der er aufwuchs trieb ihn vorerst in die Sucht und er landete in der Drogenszene. Die körperlichen Höhenflüge befriedigten ihn eine Zeit, aber die Fragen blieben. Wo ist der Sinn des Lebens? Wo und wer ist Gott?

Sein intensives Suchen und seine Sehnsucht bewirkten jedoch etwas. Als es mit den Drogen schon ganz finster war, stellte sich ihm Gott der Schöpfer in den Weg.

Es kam zu drei Eindrücken:

- Eine Stimme in seinem Inneren sagte zu ihm: „Du hast keinen Respekt vor Gott." Verwirrt entgegnete er: „Wie soll ich auch? Ich kenne ihn nicht."

- Ein zweiter Eindruck kam, als sich ein alter Mann an die Stirn griff und dann nach oben deutete. Ein Hinweis, wer der Ehre wert ist.

- Die dritte Begegnung war die heftigste: Gerhard holte sich einen Kuchen von der Ausgabestelle und der Mann, der ihm den Kuchen überreichte, schrie ihn an und beschimpfte ihn als Nichtsnutz, der sein Leben vergeudet und nichts Besseres zu tun habe, als hier herumzulungern. Sein Kuchen landete auf dem Boden.

Spannend war für ihn, dass all das von Gott zu kommen schien. Folgende Gedanken trieben ihn weiter an: „Ich muss herausfinden, was das mit Gott zu tun hat. Ich will zu einem Mönch gehen." Danach war Mattscheibe, und er vergaß, den Mönch aufzusuchen.

Am nächsten Tag fuhr er in die Stadt und ging in ein Joghurtgeschäft. Und da war plötzlich dieses Ehepaar, das auf ihn zu warten schien.

Angekommen

Nachträglich erfuhr er, dass die beiden bei ihrem Morgengebet den Eindruck bekamen, in die Stadt zu fahren und in eben dieses Joghurtgeschäft zu gehen, um jemanden zu treffen. Sie waren neugierig, wer da kommen wird, und dann kam Gerhard.

Sie redeten kurz und überreichten ihm die Adresse vom „Dilaram-House“, einer Mission unter „Weltreisenden“, die als Hippies bekannt waren.

Dann verließen sie das Joghurtgeschäft. Gerhard fuhr umgehend zur angegebenen Adresse und fand einen Platz, wo er willkommen war und das Gefühl hatte, nach Hause gekommen zu sein. Da war eine „Familie“, die ihn herzlich willkommen hieß.

Er durfte sein, wie er war, ihm wurde mit Liebe begegnet und er empfand eine Freude und einen Frieden, die er so noch nie erlebt hatte.

Was er als Kind in der Schöpfung so faszinierend empfand, hier erhielt er die Antwort. Er entdeckte, dass Gott ein liebender Vater ist der die Welt so schön erschaffen hat.

Ihm wurde angeboten, hier seinen Drogenentzug zu machen.

Zuvor sollte er aber drei Tage nachdenken und dann wiederkommen, wenn er ein ja zu allen drei Fragen gefunden hat.

- ob er wirklich ein neues Leben *mit allen Konsequenzen* anfangen und leben wolle,
- ob er einsieht, dass er dem nicht vertrauen kann ihn aus der Sucht herauszuführen, der ihn in erster Stelle hineingebracht hatte, nämlich sich selbst,
- ob er bereit ist, zwei Wochen lang eine Tagesstruktur einzuhalten und den Hausregeln zu folgen.

Er musste diesen herrlichen Platz vorübergehend verlassen um drei Tage nachzudenken und eine Entscheidung zu treffen. Dann durfte er erst mit seinem Entzug im „Dilaram-House anfangen. (Dilaram = Friedvolles Herz).

Freude und ein Gefühl der Überwältigung begleiteten ihn noch ein kurzes Stück Weg, als er an jenem Tag das Haus verließ. Erneut ergriffen von der Schönheit der Schöpfung, sah er stark und herrlich Gottes farbenprächtige Handschrift.

Da es ihm aber seit dem Vorabend nicht möglich war, die Drogen, die sein Körper verlangte zu nehmen, setzte der Entzug ein. Er musste tun, was notwendig war und die Drogen zeigten Wirkung. Diesmal ganz anders, als er es kannte.
Die Lebendigkeit und besonders die Farbenpracht in Gottes Schöpfung waren plötzlich weg. Die Umgebung mit dem blauen Himmel und den farbenprächtigen Blumen und Bäumen hatte sich in einen „Schwarz-Weiß-Film" verwandelt.

Was war geschehen? Die Drogen zeigten ihr wahres Gesicht.
Sie hatten ihm die Farbe aus dem Leben genommen. Was Gott anbot, war größer als alle Drogen!

Was er schon als Kind spürte, war nun klar. Er hatte Gottes Herrlichkeit gesehen und die überstieg jegliche Wirkung der Drogen. Er meldete sich nach den vereinbarten drei Tagen zum Entzug und sein Leben krempelte sich komplett um.

Der unbekannte Gott war ihm als Vater begegnet und hatte ihm auf seine Sehnsucht geantwortet. Die Flucht von der Unruhe in die Sucht war nicht mehr notwendig. Er war „zu Hause" angekommen.

Die Geschichte vom verlorenen Sohn passt in diesem Zusammenhang sehr gut dazu. Die Stelle im Lukasevangelium 15,20 drückt die Freude des Vaters aus, als der Sohn ihm entgegenkam.

Das bewegte sein Herz, er lief seinem Sohn entgegen, fiel ihm um den Hals und küsste ihn.

Gerhard erlebte einen liebevollen Wendepunkt und begann die Welt mit neuen Augen zu sehen.
Jahre später wurde er Pastor und ist mit dem Herzen seit nahezu fünfzig Jahren ein Gottliebender, der andere unterstützt, ihren Weg zu gehen.

Ich bin Gott dankbar, so einen Freund in meinem Leben geschenkt bekommen zu haben.

Nachwort

Am Ende des Buches angekommen, bin ich unendlich dankbar. Das oftmalige Lesen der Geschichten hat mich beglückt und ich habe mich gerne an die vielen Situationen zurückerinnert. Die wertvollen Menschen, die in meinem Leben sind, bereiten mir Freude. Der Austausch mit ihnen, hat viel Wunderbares sichtbar gemacht.

Meine persönlichen Erfahrungen zu reflektieren, hat mich auch beflügelt. Den einen oder anderen schweren Lebensabschnitt niederzuschreiben hat das Vergangene in ein neues Licht gerückt. Ich hatte den Eindruck, dass sich meine Erinnerungen neu zusammensetzen und die wertvolle Essenz der Lebenshürden freilegen. Neubewertung und Erweiterung konnten stattfinden.

Für mich war das Schreiben ein bereichernder und befreiender Prozess. Dazu berührt mich das Zitat von dem Physiker Georg Christoph Lichtenberg aus dem 18.Jahrhundert:

> *„Jeder, der je geschrieben hat, wird gefunden haben, dass Schreiben immer etwas erweckt, was man vorher nicht deutlich erkannte, ob es gleich in uns lag."*

Ich erkenne, dass „dieses Erwecken der in uns liegenden Schätze", durch beantworten folgender Fragen, offenbar werden kann.

- Wofür bin ich dankbar?
- Was ist mir in letzter Zeit besonders gut gelungen?
- Wozu fordert mich die aktuelle Situation heraus?
- Was hat mich in letzter Zeit an einem anderen Menschen fasziniert?

Die Antworten niederzuschreiben kann den Blick weiten und entspannen.

Mir hilft es, in dieser erweiterten Denkspur unterwegs zu sein. Dankbar nehme ich diese Erfahrungen in mir auf.

Er führte mich heraus ins Weite und
befreite mich, weil er Gefallen an mir hatte.
Psalm 18,20

Printed in Great Britain
by Amazon

85532455R00087